CIABATTA LOOMISE JUHEND

100 käsitööretsepti nätske ja koorega Ciabatta valmistamiseks kodus

Tamara Rebane

Autoriõigus materjal ©2024

Kõik õigused kaitstud

Ühtegi selle raamatu osa ei tohi mingil kujul ega vahenditega kasutada ega edastada ilma kirjastaja ja autoriõiguse omaniku nõuetekohase kirjaliku nõusolekuta, välja arvatud ülevaates kasutatud lühikesed tsitaadid. Seda raamatut ei tohiks pidada meditsiiniliste, juriidiliste või muude professionaalsete nõuannete asendajaks.

SISUKORD

- SISUKORD 3
- SISSEJUHATUS 6
- **KLASSIKALINE CIABATTA** 7
  - 1. Põhiline Ciabatta 8
  - 2. Rukis Ciabatta 10
  - 3. Haputatud Ciabatta leib 12
  - 4. Ciabatta rullid 15
  - 5. Leivamasin Ciabatta 18
  - 6. Riis Ciabatta 22
  - 7. Ciabatta mandlijahu 25
  - 8. Maniokijahu Ciabatta 27
  - 9. Kikerhernejahu Ciabatta 29
  - 10. Tatrajahu Ciabatta 31
  - 11. Teff jahu Ciabatta 33
  - 12. Sorgojahu Ciabatta 35
- **PUHJALINE CIABATTA** 37
  - 13. Pirni ja Gorgonzola Ciabatta pizza 38
  - 14. Kirsi ja Mascarpone täidisega Ciabatta Prantsuse röstsai 40
  - 15. Õuna-kaneeli täidisega Ciabatta rullid 42
  - 16. Jõhvika pähkel täistera Ciabatta 44
  - 17. Aprikoosi ciabatta meeglasuuriga 47
  - 18. Mustikas ja sidrun Ciabatta 50
  - 19. Viigimarja- ja Brie täisteranisu Ciabatta 53
- **ÜRMID CIABATTA** 56
  - 20. Rosmariini küüslauk Ciabatta 57
  - 21. Küüslaugu petersell Ciabatta 59
  - 22. Rosmariin Ciabatta 61
  - 23. Rosmariini täistera Ciabatta 63
- **PÄHKLI CIABATTA** 66
  - 24. Pähkel ja rosina Ciabatta 67
  - 25. Mandli mooniseemne täistera Ciabatta 69
  - 26. Jõhvikas Macadamia Ciabatta 72
  - 27. Sõstra-kreeka pähkli ciabatta 75
- **VÜRTSISTATUD CIABATTA** 78
  - 28. Mee maitseaine kamut leib 79
  - 29. Rosina kaneeli täistera Ciabatta 81
  - 30. Tšillihelbed ja paprika Ciabatta 84
  - 31. Kurkum ja köömne Ciabatta 86
- **ŠOKOLAADI CIABATTA** 88

32. Šokolaad sarapuupähkel Ciabatta 89
33. Šokolaadiapelsin Ciabatta 91
34. Topeltšokolaad Ciabatta 93
35. Šokolaadi-kirsi mandli Ciabatta 95
36. Šokolaadi-maapähklivõi keeris Ciabatta 97
37. Šokolaad kookospähkel Ciabatta 99
38. Šokolaad vaarikas Ciabatta 101
39. Ciabatta täistera nisu šokolaaditükk 103

KAFFEINEERITUD CIABATTA 106
40. Espresso Ciabatta 107
41. Matcha roheline tee Ciabatta 109
42. Chai vürtsidega Ciabatta 111
43. Mocha Chip Ciabatta 113

VEGGIE CIABATTA 115
44. Must oliiv Ciabatta 116
45. Taimne ciabatta 119
46. Päikesekuivatatud tomati täistera Ciabatta 121
47. Oliivid ja ürdid täisteranisu Ciabatta 124
48. Jalapeño täistera Ciabatta 127
49. Cheddari ja murulauk täistera Ciabatta 130
50. Pesto ja Mozzarella täistera Ciabatta 133

CIABATTA VÕILEIVAD 136
51. Caprese Ciabatta võileib 137
52. Grillitud kana Pesto Ciabatta võileib 139
53. Itaalia Ciabatta võileib 141
54. Vahemere köögivili Ciabatta võileib 143
55. Türgi jõhvika Ciabatta võileib 145
56. Baklažaani Parmesani Ciabatta võileib 147
57. Rostbiifi ja mädarõika Ciabatta võileib 149
58. Tuunikalasalat Ciabatta võileib 151
59. Mozzarella Pesto Veggie Ciabatta võileib 153
60. Suitsulõhe ja toorjuustuvõileib 155
61. BBQ Pulled Pork Ciabatta võileib 157
62. Kreeka kana Ciabatta võileib 159
63. Praad ja karamelliseeritud sibulavõileib 161
64. Avokaado kana Caesar Ciabatta võileib 163
65. Buffalo kana Ciabatta võileib 165
66. Muffuletta Ciabatta võileib 167
67. Glasuuritud Portobello seenevõileib 169
68. Tofu Banh Mi Ciabatta võileib 171
69. Itaalia vorsti ja paprika Ciabatta võileib 173
70. Ciabatta praadvõileib 175
71. Ciabatta Prosciutto Võileib 177

TÄIDIS CIABATTA 179

72. Caprese täidisega Ciabatta 180
73. Spinati ja artišoki täidisega Ciabatta 182
74. Vahemere täidisega Ciabatta 184
75. Kolme juustu Ciabatta leib 186
76. Itaalia lihapallide täidisega Ciabatta 188
77. Cajuni krevettide täidisega Ciabatta 190
78. Spinati ja artišoki juustuga Ciabatta leib 192
79. BBQ Pulled Pork Täidisega Ciabatta 194
80. Kana Caesar täidisega Ciabatta 196
81. Juustune küüslauguürt Ciabatta leib 198
82. Taco täidisega Ciabatta 200
83. Rostbiifi ja mädarõikaga täidetud Ciabatta 202
84. Buffalo kana täidisega Ciabatta 204
85. Pesto-kana täidisega Ciabatta 206
86. Jalapeño Popperi juustune Ciabatta leib 208
87. Suitsulõhe ja toorjuust Ciabatta 210
88. BLT täidisega Ciabatta 212
89. Ciabatta munasalat 214
90. Köögivilja ja hummusega täidetud Ciabatta 216
91. Maasikas Ciabatta 218
92. Viin Ciabatta 220
93. Õun Ciabatta 222
94. Virsik ja basiilik Ciabatta 224
95. Vaarika- ja kitsejuust Ciabatta 226
96. Viinamari ja Gorgonzola Ciabatta 228
97. Pirn ja pähkel Ciabatta 230
98. Mango Ciabatta 232
99. Blackberry ja Ricotta Ciabatta 234
100. Sink, juust ja ürdi ciabatta 236

KOKKUVÕTE 239

SISSEJUHATUS

Tere tulemast tutvuma "CIABATTA LOOMISE JUHEND", kus me alustame teekonda, et õppida nätske ja kooriku ciabatta leiva valmistamise kunsti mugavalt teie kodus. Iseloomuliku nätske sisemuse ja karge koorikuga Ciabatta on armastatud Itaalia leib, mis on köitnud leivahuviliste südameid ja maitseid üle kogu maailma. Selles kokaraamatus tähistame ciabatta ilu ja mitmekülgsust 100 käsitööretseptiga, mis inspireerivad teid saama leivategu maestroks.

Sellest kokaraamatust leiate hulgaliselt retsepte, mis tutvustavad ciabatta leiva lõputuid võimalusi. Alates klassikalistest pätsidest ja rustikaalsetest rullidest kuni uuenduslike võileibade ja dekadentlike magustoitudeni – iga retsept on loodud selle armastatud leiva ainulaadse tekstuuri ja maitse esiletõstmiseks. Olenemata sellest, kas olete algaja pagar või kogenud proff, aitavad need retseptid teid läbi luua autentse ciabatta leiva, mis konkureerib käsitööliste pagaritöökodade leivaga.

"CIABATTA LOOMISE JUHEND" eristab see, et see keskendub viimistletud oskustele ja tehnikale. Üksikasjalike juhiste, kasulike näpunäidete ja samm-sammult juhiste abil saate teada saladusi, kuidas saavutada täiuslik tasakaal nätskuse ja kooriku vahel, mis määrab suurepärase ciabatta leiva. Olenemata sellest, kas sõtkute tainast käsitsi või kasutate mikserit, vormite pätsid või viilutate koorikut, on iga samm ciabatta täiuslikkuse saavutamiseks hädavajalik.

Kogu sellest kokaraamatust leiate praktilisi nõuandeid koostisainete, seadmete ja küpsetustehnikate kohta, mis aitavad teil iga kord saavutada professionaalse kvaliteediga tulemusi. Olenemata sellest, kas küpsetate oma perele, korraldate õhtusööki või naudite lihtsalt omatehtud maiustusi, "CIABATTA LOOMISE JUHEND" annab teile võimaluse vabastada oma loovus ja saada oma köögis leivameistriks.

KLASSIKALINE CIABATTA

1. Põhiline Ciabatta

KOOSTISOSAD:
- 4 tassi leivajahu
- 2 tl kiirpärmi
- 2 tl soola
- 1 ½ tassi leiget vett
- Oliiviõli (määrimiseks)

JUHISED:
a) Segage suures segamiskausis leivajahu, kiirpärm ja sool. Sega hästi.
b) Lisa kuivainetele järk-järgult leige vesi, sega lusika või kätega, kuni moodustub kleepuv tainas.
c) Kata kauss puhta köögirätikuga ja lase tainal umbes 15 minutit seista.
d) Pärast puhkamist määri puhast tööpinda ja käsi kergelt õliga, et vältida kleepumist. Tõsta tainas pinnale.
e) Alustage taigna sõtkumist, voltides selle enda peale, venitades ja seejärel uuesti kokku. Korrake seda protsessi umbes 10-15 minutit või kuni tainas muutub siledaks, elastseks ja vähem kleepuvaks.
f) Tõsta sõtkutud tainas kergelt õlitatud kaussi, kata köögirätikuga ja lase soojas kohas kerkida umbes 1-2 tundi või kuni see kahekordistub.
g) Kui tainas on kerkinud, tõsta see õrnalt jahuga kaetud pinnale. Olge ettevaatlik, et mitte liiga palju tühjaks lasta.
h) Jaga tainas kaheks võrdseks osaks ja vormi igast osast piklik ovaalne kuju, mis meenutab sussi või sandaali. Aseta pätsid küpsetuspaberiga kaetud ahjuplaadile.
i) Kata pätsid köögirätikuga ja lase veel 30-45 minutit kerkida või kuni need silmnähtavalt paisuvad.
j) Kuumuta ahi 220°C-ni (425°F).
k) Valikuline: tehke terava noa või žiletiteraga iga pätsi peal diagonaalsed sisselõiked, et luua maalähedane muster.
l) Asetage küpsetusplaat koos pätsidega eelkuumutatud ahju ja küpsetage umbes 20-25 minutit või kuni leib muutub kuldpruuniks ja põhja koputades kõlab õõnsalt.
m) Pärast küpsetamist eemaldage ciabatta ahjust ja laske neil enne viilutamist ja serveerimist restil jahtuda.

2.Rukis Ciabatta

KOOSTISOSAD:
- 7 untsi (200 g) nisu juuretisest
- ½ tassi (50 g) peent rukkijahu
- 4 tassi (500 g) nisujahu
- u. 1⅔ tassi (400 ml) vett, toatemperatuur
- ½ supilusikatäit (10 g) soola
- oliiviõli kausi jaoks

JUHISED:
a) Sega kõik koostisosad peale soola ja sõtku korralikult läbi. Lisa sool.
b) Asetage tainas võiga määritud segamisnõusse. Kata kilega ja lase tainal üleöö külmkapis seista.
c) Järgmisel päeval kalla tainas õrnalt küpsetuslauale.
d) Voldi tainas kokku ja lase külmkapis seista umbes 5 tundi, keerates tainast iga tunni tagant uuesti kokku.
e) Vala tainas lauale. Lõika see umbes 2 × 6 tolli (10 × 15 cm) suurusteks tükkideks ja asetage need määritud küpsetusplaadile. Lase neil veel 10 tundi külmkapis kerkida. Seetõttu kulub selle leiva valmistamiseks umbes 2 päeva.
f) Ahju algtemperatuur: 475 °F (250 °C)
g) Aseta pätsid ahju. Piserdage ahju põrandale tass vett. Alandage temperatuuri 210 °C-ni (400 °F) ja küpsetage umbes 15 minutit.
h) Voldi tainas kokku ja jäta umbes 5 tunniks külmkappi seisma. Korrake voltimist selle aja jooksul üks tund.
i) Aseta tainas jahusele pinnale ja venita välja.
j) Lõika tainas umbes 2 × 6 tolli (10 × 15 cm) suurusteks tükkideks.

3. Haputatud Ciabatta leib

KOOSTISOSAD:
- 360 grammi (umbes 1,5 tassi) vett
- 12 grammi (umbes 2 teelusikatäit) soola
- 100 grammi (umbes 1/2 tassi) aktiivset juuretise juuretist
- 450 grammi (umbes 3,5 tassi) leivajahu

JUHISED:
SEGA tainas:
a) Asetage vesi suurde kaussi. Lisa sool ja sega korraks.
b) Lisage starter ja segage segu veidi. Lisa jahu ja sega, kuni saad märja kleepuva taignapalli. Jahu lisamiseks sõtku vajadusel korraks kätega. Kata rätiku või riidest kausikattega ja lase 30 minutit seista.
c) Venitused ja voltimised: haarake märgade kätega taigna ühest küljest ja tõmmake üles ja keskele. Pöörake kaussi veerand pööret ja korrake haaramist ja tõmbamist. Tehke seda seni, kuni olete täisringi teinud.
d) Kata kauss. Korrake seda protsessi veel kolm korda 30-minutilise intervalliga, tehes kahe tunni jooksul kokku 4 venitus- ja voltimiskomplekti.

PUHKEKÄÄRIMINE:
e) Tõsta tainas sirgepoolsesse anumasse. Kata anum rätikuga. Lase toatemperatuuril kerkida, kuni tainas peaaegu kahekordistub (mahu suurendamiseks 75%). Ajad sõltuvad teie keskkonnast ja starteri tugevusest.
f) Kata anum kaanega (ideaaljuhul) või rätikuga (kui kasutad rätikut, määri taigna pealt õliga, et see ära ei kuivaks.) Tõsta 12-24 tunniks külmkappi.

SHAPE:
g) Eemaldage anum külmikust. Eemaldage kaas. Puista taigna pealmine osa ohtralt jahuga. Tõsta tainas jahuga ülepuistatud tööpinnale. Patsuta tainas ristkülikuks.
h) Puista pealt jahuga. Kasutage pingikaabitsat, et tainas vertikaalselt pooleks lõigata. Seejärel tehke mõlemasse poole kolm võrdsete vahedega lõiget, et luua 8 väikest ristkülikut.

i) Vooderda lehtvorm küpsetuspaberiga. Tõsta iga ristkülik jahuga ülepuistatud kätega ettevalmistatud pannile, tõmmates õrnalt väljapoole. Kata pann rätikuga. Lase seista üks tund.

KÜPSETA:
j) Kuumuta ahi temperatuurini 475ºF. Tõsta pann ahju ja küpseta 10 minutit. Alandage kuumust 450ºF-ni, pöörake panni ja küpsetage veel 10 minutit. Eemaldage pann ahjust.

k) Tõsta ciabatta rullid jahutusrestile. Enne viilutamist laske 20–30 minutit jahtuda.

4.Ciabatta rullid

KOOSTISOSAD:
- 1 tl kiirpärmi
- 240 grammi vett, toatemperatuuril (umbes 1 tass)
- 300 grammi universaalset jahu (umbes 2,5 tassi)
- 1 tl soola

JUHISED:
VALMISTA TAINAS (1 TUND KÕRVIMISAEG):
a) Lahusta väikeses tassis kiirpärm leiges vees ja sega ühtlaseks (segu peaks hakkama mullitama ja tekkima pärmiline aroom). Laske sellel 2 minutit seista.
b) Suures kausis lisage jahu ja sool. Valage pärmisegu ja vahustage, kuni see on täielikult segunenud, kraapides kausi külgedelt alla (kuivad jahuosakesed ei tohiks olla nähtavad). Segu on väga kleepuv ja märg, 80% hüdratatsiooniga (jahu ja vee suhe).
c) Kata kauss kilega ja lase 1 tund toatemperatuuril seista

VENITA JA VOLITA TAIGAS (1,5 TUNDI KERGEMISAEG):
d) Kandke kätele veidi vett ning venitage ja voltige tainas kausis, keerates servad ühe serva haaval keskele. Märjad käed muudavad taignaga töötamise lihtsamaks ja kõigi nelja külje voltimiseks peaks kuluma vähem kui minut. Kata kilega ja lase tainal 30 minutit seista.
e) Korrake seda venitamise ja voltimise sammu, seejärel katke kilega ja laske tainal veel 30 minutit puhata. Seejärel korrake venitamise ja voltimise sammu viimast korda ja laske sellel veel 30 minutit puhata. Pärast 3 venitamisringi ja 30-minutilise puhkeperioodiga voltimist kerkib tainas umbes kahekordseks.

VORMIDA tainas (40 MINUTIT KERGEMISAEG):
f) Tõsta tainas jahusel pinnale. Pange tähele, et tainas jääb ikkagi väga kleepuv ja see on okei. Puista tainale veidi jahu ja vormi tainast õrnalt alt tõmmates ristkülikuks. Olge ettevaatlik, et mitte tainast vajutada, sest sees olevad õhuaugud võivad välja pressida.
g) Rulli tainas palgiks ja suru äär kinni. Jagage rullitud tainas 4-5 võrdseks osaks ja asetage iga tükk üksteisest vähemalt kahe tolli kaugusel hästi jahuga kaetud tööpinnale. Lase tainal umbes 40 minutit seista. Seda nimetatakse lõplikuks kontrollimiseks.

KÜPSETA CIABATTA RULLID:

h) Tõstke iga tainas ettevaatlikult pärgamendiga vooderdatud 8x12-tollisele küpsetusplaadile. Kuna tainas on veel üsna kleepuv, puista käsitsemisel jahuga üle. Kõrvale panema.

i) Täitke küpsetuspann veega ja asetage see ahju põhja. Kuumuta ahi temperatuurini 420 F ja laske sellel täituda veeauruga. Kui ahi on valmis, lükake ahjuplaat sisse ja piserdage taignale kohe veidi vett. Küpseta 20 minutit.

j) Lase leival 20 minutit jahtuda.

k) Leiva valmimise kontrollimiseks võite koputada sõrmega leiva põhja. Kui leib on valmis, kõlab see õõnsalt.

5.Leivamasin Ciabatta

KOOSTISOSAD:
BIGA
- ⅛ teelusikatäis kiir- või leivamasinapärmi
- ½ tassi (114 g) vett, jahuta
- 1 tass (120 g) pleegitamata universaalset jahu

CIABATTA tainas
- ½ tassi (114 g) vett, jahuta
- ¼ tassi (57 g) piima, jahuta
- 1½ tl laua- või meresoola
- 2 tassi (240 g) pleegitamata universaalset jahu
- ½ tl kiir- või leivamasinapärmi
- jahu või manna laua ja käte jahustamiseks

JUHISED:
BIGA SEGAMINE
a) Segage leivamasina pannil ⅛ teelusikatäis kiir- või leivamasinapärmi, ½ tassi (114 g) vett, jahutage ja 1 tass (120 g) pleegitamata universaalset jahu. (Kasutage teist anumat, kui te ei soovi oma leivamasinat nii kaua siduda.) Valige TAIgna tsükkel ja lülitage see koostisainete segamiseks umbes 5 minutiks sisse. Kraapige väikese spaatliga nurkadest üleliigne jahu märja jahusegu sisse. Lülitage masin välja või eemaldage vooluvõrgust ja laske 12–24 tundi seista.

b) Kui te bigat 24 tunni jooksul ei kasuta, asetage vahune segu külmkappi. Maitse muutub ainult paremaks - kuni 3-4 päeva. Enne järgmise sammuga jätkamist laske bigal soojeneda toatemperatuurini.

CIABATTA TAIGNA SEGAMINE
c) Lisage loetletud järjekorras ½ tassi (114 g) vett, jahutage, ¼ tassi (57 g) piima, jahutage, 1,5 tl laua- või meresoola, 2 tassi (240 g) pleegitamata universaalset jahu ja ½ tl lahustuvat või leiba masinpärm oma leivamasinas biga.

d) Valige DOUGH tsükkel ja vajutage start. 15-20 minuti pärast avage kaas ja kontrollige tainast. Tainas peaks välja nägema läikiv, kuid jääb siiski kleepuv. Tainas keerleb ümber laba(te).

e) Kui tainas ei kleepu üldse külgedele, lisa vett 1 spl kaupa. Kui tainas näeb välja rohkem paksu pannkoogitaina moodi, lisa 1 spl kaupa jahu. Kui olete jahu õigesti kaalunud, pole loodetavasti vaja kohandada.

f) Kui sõtkumine peatub, eemaldage pann masinast. Ärge laske DOUGH tsüklil lõppeda nagu tavaliselt.

g) Pihustage 3-kvartist ruudu- või ristkülikukujulist anumat kergelt õliga. Kasutage anuma sisemuse katmiseks pintslit või kätt.

h) Eemaldage kleepuv tainas leivamasina pannilt määritud spaatliga hästi määritud plastnõusse. Õlita kõik taigna pinnad, keerates tainast spaatliga ümber.

i) Kata ja lase tainal toatemperatuuril kerkida. Ärge proovige sellega kiirustada. Lase taignal kahekordseks kerkida. Selleks kulub tund või kauem, kui ruum on külm.

j) Libistage see määritud spaatliga nurkadesse taigna alla ja tõstke iga nurk ja pool üles ja keskele.

k) Katke ja laske 30 minutit seista.

l) Korrake eelmist sammu, et tõsta taigna nurgad keskkoha poole. Jällegi lase tainal 30 minutit puhata. See aitab tagada aukliku tekstuuri

CIABATTA TAIGNA FORMINE

m) Kasutage laua ja käte jahustamiseks jahu või manna. Tühjendage tainas, pöörates anuma tagurpidi lauale või tööpinnale. Tainas peaks olema sama ruudu- või ristkülikukujuline kui anum, millesse see pandi. ÄRGE LÖÖKKE TAINAST ALLA nagu tavalist leivataignat.

n) Pihustage või määrige pingikaabits (või suur nuga) oliiviõliga. Kasutage seda taigna ristküliku pikisuunas pooleks jagamiseks.

o) Püüdke õlitatud pingikaabitsaga kinni iga pätsi pikad sisemised servad ja tõmmake see üle ülaosa umbes pooleni ja välisserva poole. See jätab iga pätsi vahele rohkem ruumi.

p) Nüüd püüdke pingikaabitsaga kinni iga pätsi välisserv (see, mis praegu näib, et see hakkab aluselt maha kukkuma). Jällegi tõmmake see umbes poolenisti üle pätsi aluse keskkoha suunas.

q) Sirgendage ja puhastage kuju pinginoaga. Kasutage oma hästi määritud või jahuga ülepuistatud sõrmi (nagu mängiks klaverit), et taigna pinnale süvendid teha.

TEINE TÕSTUS JA KÜPSETAMINE

r) Kui kasutate silikoonmatti, kandke või tõmmake matt koos vormitud pätsidega ääristeta küpsetusplaadile.

s) Kui te ei kasuta silikoonmatti, viige kaks taignasilindrit ettevaatlikult ettevalmistatud küpsiseplaadile jahuga kaetud kätega.

t) Katke pätsid, et tainas ei kuivaks ega moodustaks koorikut. Võid ka õliga pihustada suure kiletüki ja katta sellega pätsid.

u) Kuumuta ahi temperatuurini 450°F (230°C).

v) Laske pätsidel seista umbes 30-45 minutit või kuni need muutuvad paisuvaks.

w) Pritsige pätsid veega pihustuspudeli abil. Küpseta temperatuuril 450°F (230°C) 18-20 minutit. Küpsetamise esimese 5 minuti jooksul pihustage pätsi veel üks või kaks korda. Tehke seda kiiresti, et teie ahi liiga palju kuumust ei kaotaks.

x) Pätid valmivad siis, kui koorik on kuldpruun ja sisetemperatuur jõuab 98°C (210°F).

y) Enne viilutamist lase pätsidel vähemalt tund aega jahutusrestil jahtuda.

6. Riis Ciabatta

KOOSTISOSAD:
GLUTEENIVABA Universaalne JAHUSEGU
- 6 tassi kivist jahvatatud valget riisijahu
- 3 1/4 tassi sorgojahu
- 1 3/4 tassi tapiokijahu või tärklist
- 1 1/4 tassi kartulitärklist
- 1/4 tassi ksantaankummi või psülliumi kesta pulbrit

GLUTEENIVABA CIABATTA LEIB
- 6 1/2 tassi gluteenivaba universaalset jahusegu
- 1 spl kiirpärmi või kuivaktiivset pärmi
- 1 kuni 1 1/2 supilusikatäit jämedat koššersoola
- 2 supilusikatäit rafineeritud suhkrut
- 3 3/4 tassi leiget vett
- pärgamentpaber või maisijahu

JUHISED:
GLUTEENIVABA Universaalne JAHUSEGU
a) Vahusta ja sega koostisosad 5–6-liitrises kaanega anumas.
b) Lõpetamiseks võtke anum ja raputage tugevalt, kuni jahud on täielikult segunenud.

GLUTEENIVABA CIABATTA LEIB
c) Vahusta 5–6-liitrises kausis või segistis jahu, pärm, sool ja suhkur.
d) Lisage leige vesi – leige vesi (100ºF) laseb tainal umbes 2 tunniga õigesse kohta hoiustada.
e) Segage mikseri labaga, kuni segu on väga ühtlane, umbes ühe minuti jooksul. Teise võimalusena segage lusika või spaatliga käsitsi üks kuni kaks minutit. Sõtkumine pole vajalik. Tõsta segu kaanega (mitte õhukindlasse) toidunõusse.
f) Kata kaanega, mis mahub hästi mahuti külge, kuid mida saab lahti murda, nii et see pole täielikult õhukindel. Plastikkile sobib ka hästi. Laske segul toatemperatuuril umbes 2 tundi kerkida; seejärel jahutage see ja kasutage järgmise 10 päeva jooksul. Pärast 2-tunnist kerkimist võid kasutada osa tainast igal ajal. Täielikult jahutatud märg tainas on vähem kleepuv ja seda on lihtsam töödelda kui toatemperatuuril valmistatud tainas, kuid mida iganes te ka ei teeks, ärge torgake tainast maha – see pole gluteenivaba leiväküpsetamise puhul vajalik.

g) Küpsetuspäeval: tõmmake 1-kilone (greibisuurune) tainatükk ära, seejärel asetage see rohke maisijahuga valmistatud pitsakoorele või suurele küpsetuspaberile. Suruge tainas õrnalt piklikuks ovaaliks, mille paksus on 3/4 tolli ja mille mõõtmed on umbes 9 tolli x 5 tolli. Kasutage pinna tasandamiseks märga sõrmi. Puista pealt riisijahuga ja kata lõdvalt kilega või ümberpööratud kausiga.

h) Laske sellel 30 minutit toatemperatuuril seista. Pärast 30 minutit ei näe tainas välja, nagu oleks see palju kerkinud – see on normaalne. Eemaldage kile ja puista jahu, kui suurem osa sellest on maha tulnud või imendunud.

i) Kuni tainas puhkab, eelsoojendage küpsetuskivi või küpsetusterast ahju keskosa lähedal 450ºF juures 30 minutit. Teise võimalusena eelsoojendage kaanega Hollandi ahju 45 minutit temperatuuril 450 °F. Kui kasutate kivi või terast, asetage kivi või terase alla riiulile tühi metallist broilerialus vee hoidmiseks.

j) Tõsta päts eelkuumutatud kivile. Valage kiiresti ja ettevaatlikult 1 tass kuuma vett kraanist metallist broilerialusele ja sulgege ahju uks, et aur kinni hoida. Kui kasutate terasel või kivil pärgamentpaberit, eemaldage see 20 minuti pärast. Küpseta pätsi kokku 35 minutit. Teise võimalusena kasutage käepidemetena küpsetuspaberi tükki ja laske taignaga kaetud küpsetuspaber ettevaatlikult eelsoojendatud potti. Katke ja asetage ahju. Hollandi ahjuga pole aurusauna vaja. Kui kasutate eelsoojendatud anumat, eemaldage kaas 30 minuti pärast ja küpsetage veel 5 minutit kaaneta või kuni koorik on rikkalikult pruunistunud.

k) Laske leival restil täielikult jahtuda, umbes 2 tundi. Gluteenivaba leib vajab täielikuks tardumiseks kaks tundi jahtumist.

l) Hoidke järelejäänud tainast külmkapis kaanega või lahtiselt kilesse pakitud anumas ja kasutage seda järgmise 10 päeva jooksul. Kui teie anum ei ole ventileeritud, laske gaasidel väljuda, jättes kaane esimese paari päeva jooksul külmikusse pragu lahti. Pärast seda saab selle sulgeda.

7.Ciabatta mandlijahu

KOOSTISOSAD:
- 2 tassi mandlijahu
- 1/2 tassi kookosjahu
- 2 1/4 teelusikatäit aktiivset kuivpärmi (1 pakk)
- 1 tl soola
- 1 1/2 tassi sooja vett
- 1 spl mett (või teie valitud magusainet)
- 2 spl oliiviõli
- 1 tl ksantaankummi (valikuline)

JUHISED:
a) Segage suures segamiskausis mandlijahu, kookosjahu, aktiivne kuivpärm ja sool. Sega need hästi kokku.
b) Eraldi kausis segage soe vesi, mesi (või teie valitud magusaine) ja oliiviõli. Sega, kuni mesi on lahustunud.
c) Vala märg segu kuivainete hulka ja sega neid omavahel, kuni moodustub tainas. Soovi korral võite parema tekstuuri saavutamiseks lisada ksantaankummi, kuid see on valikuline.
d) Kui tainas on korralikult segunenud, vormi see küpsetuspaberiga kaetud ahjuplaadil ciabatta kujuliseks.
e) Kuumuta ahi temperatuurini 350 °F (175 °C).
f) Lase ciabattal umbes 20 minutit kerkida. Sel ajal võid selle katta puhta köögirätikuga.
g) Pärast kerkimisperioodi küpseta ciabattat eelkuumutatud ahjus umbes 35-40 minutit või kuni see on pealt kuldpruun ja koputades kõlab õõnsalt.
h) Enne viilutamist ja serveerimist lase ciabattal jahtuda.

8.Maniokijahu Ciabatta

KOOSTISOSAD:
- 2 tassi maniokkijahu
- 1 tass tapiokijahu
- 2 1/4 teelusikatäit aktiivset kuivpärmi (1 pakk)
- 1 tl soola
- 1 1/2 tassi sooja vett
- 1 spl suhkrut
- 2 spl oliiviõli
- 1 tl ksantaankummi (valikuline)

JUHISED:
a) Segage suures segamiskausis maniokkijahu, tapiokijahu, aktiivne kuivpärm ja sool. Segage need põhjalikult kokku.
b) Eraldi kausis segage soe vesi, suhkur ja oliiviõli. Segage, kuni suhkur on täielikult lahustunud.
c) Vala märg segu kuivainetega kaussi ja sega neid omavahel kuni taigna moodustumiseni. Soovi korral võite sellel hetkel lisada tekstuuri parandamiseks ksantaankummi, kuid see on valikuline.
d) Kui tainas on korralikult segunenud, vormi sellest küpsetuspaberiga kaetud ahjuplaadil ciabatta.
e) Kuumuta ahi temperatuurini 350 °F (175 °C).
f) Lase ciabattal umbes 20 minutit kerkida. Sel ajal võid selle katta puhta köögirätikuga.
g) Pärast kerkimisperioodi küpseta ciabattat eelsoojendatud ahjus umbes 35-40 minutit või kuni see on pealt kuldpruun ja koputades kõlab õõnsalt.
h) Enne viilutamist ja serveerimist lase ciabattal jahtuda.

9.Kikerhernejahu Ciabatta

KOOSTISOSAD:
- 2 tassi kikerhernejahu
- 1/2 tassi kartulitärklist
- 2 1/4 teelusikatäit aktiivset kuivpärmi (1 pakk)
- 1 tl soola
- 1 1/2 tassi sooja vett
- 1 spl suhkrut
- 2 spl oliiviõli
- 1 tl ksantaankummi (valikuline)

JUHISED:
a) Sega suures segamiskausis kikerhernejahu, kartulitärklis, aktiivne kuivpärm ja sool. Segage need põhjalikult kokku.
b) Eraldi kausis segage soe vesi, suhkur ja oliiviõli. Segage, kuni suhkur on täielikult lahustunud.
c) Vala märg segu kuivainetega kaussi ja sega neid omavahel kuni taigna moodustumiseni. Soovi korral võite sellel hetkel lisada tekstuuri parandamiseks ksantaankummi, kuid see on valikuline.
d) Kui tainas on korralikult segunenud, vormi sellest küpsetuspaberiga kaetud ahjuplaadil ciabatta.
e) Kuumuta ahi temperatuurini 350 °F (175 °C).
f) Lase ciabattal umbes 20 minutit kerkida. Sel ajal võid selle katta puhta köögirätikuga.
g) Pärast kerkimisperioodi küpseta ciabattat eelsoojendatud ahjus umbes 35-40 minutit või kuni see on pealt kuldpruun ja koputades kõlab õõnsalt.
h) Enne viilutamist ja serveerimist lase ciabattal jahtuda.

10.Tatrajahu Ciabatta

KOOSTISOSAD:
- 2 tassi tatrajahu
- 1 tass pruuni riisi jahu
- 2 1/4 teelusikatäit aktiivset kuivpärmi (1 pakk)
- 1 tl soola
- 1 1/2 tassi sooja vett
- 1 spl mett (või teie valitud magusainet)
- 2 spl oliiviõli
- 1 tl ksantaankummi (valikuline)

JUHISED:
a) Segage suures segamiskausis tatrajahu, pruuni riisijahu, aktiivne kuivpärm ja sool. Segage need põhjalikult kokku.
b) Eraldi kausis segage soe vesi, mesi (või teie valitud magusaine) ja oliiviõli. Segage, kuni mesi on täielikult lahustunud.
c) Vala märg segu kuivainetega kaussi ja sega neid omavahel kuni taigna moodustumiseni. Soovi korral võite sellel hetkel lisada tekstuuri parandamiseks ksantaankummi, kuid see on valikuline.
d) Kui tainas on korralikult segunenud, vormi sellest küpsetuspaberiga kaetud ahjuplaadil ciabatta.
e) Kuumuta ahi temperatuurini 350 °F (175 °C).
f) Lase ciabattal umbes 20 minutit kerkida. Sel ajal võid selle katta puhta köögirätikuga.
g) Pärast kerkimisperioodi küpseta ciabattat eelsoojendatud ahjus umbes 35-40 minutit või kuni see on pealt kuldpruun ja koputades kõlab õõnsalt.
h) Enne viilutamist ja serveerimist lase ciabattal jahtuda.

11. Teff jahu Ciabatta

KOOSTISOSAD:
- 2 tassi teffi jahu
- 1 tass tapiokijahu
- 2 1/4 teelusikatäit aktiivset kuivpärmi (1 pakk)
- 1 tl soola
- 1 1/2 tassi sooja vett
- 1 spl suhkrut
- 2 spl oliiviõli
- 1 tl ksantaankummi (valikuline)

JUHISED:
a) Segage suures segamiskausis teffi jahu, tapiokijahu, aktiivne kuivpärm ja sool. Segage need põhjalikult kokku.
b) Eraldi kausis segage soe vesi, suhkur ja oliiviõli. Segage, kuni suhkur on täielikult lahustunud.
c) Vala märg segu kuivainetega kaussi ja sega neid omavahel kuni taigna moodustumiseni. Soovi korral võite sellel hetkel lisada tekstuuri parandamiseks ksantaankummi, kuid see on valikuline.
d) Kui tainas on korralikult segunenud, vormi sellest küpsetuspaberiga kaetud ahjuplaadil ciabatta.
e) Kuumuta ahi temperatuurini 350 °F (175 °C).
f) Lase ciabattal umbes 20 minutit kerkida. Sel ajal võid selle katta puhta köögirätikuga.
g) Pärast kerkimisperioodi küpseta ciabattat eelkuumutatud ahjus umbes 35-40 minutit või kuni see on pealt kuldpruun ja koputades kõlab õõnsalt.
h) Enne viilutamist ja serveerimist lase ciabattal jahtuda.

12. Sorgojahu Ciabatta

KOOSTISOSAD:
- 2 tassi sorgojahu
- 1 tass kartulitärklist
- 2 1/4 teelusikatäit aktiivset kuivpärmi (1 pakk)
- 1 tl soola
- 1 1/2 tassi sooja vett
- 1 spl suhkrut
- 2 spl oliiviõli
- 1 tl ksantaankummi (valikuline)

JUHISED:
a) Segage suures segamiskausis sorgojahu, kartulitärklis, aktiivne kuivpärm ja sool. Segage need põhjalikult kokku.
b) Eraldi kausis segage soe vesi, suhkur ja oliiviõli. Segage, kuni suhkur on täielikult lahustunud.
c) Vala märg segu kuivainetega kaussi ja sega neid omavahel kuni taigna moodustumiseni. Soovi korral võite sellel hetkel lisada tekstuuri parandamiseks ksantaankummi, kuid see on valikuline.
d) Kui tainas on korralikult segunenud, vormi sellest küpsetuspaberiga kaetud ahjuplaadil ciabatta.
e) Kuumuta ahi temperatuurini 350 °F (175 °C).
f) Lase ciabattal umbes 20 minutit kerkida. Sel ajal võid selle katta puhta köögirätikuga.
g) Pärast kerkimisperioodi küpseta ciabattat eelsoojendatud ahjus umbes 35-40 minutit või kuni see on pealt kuldpruun ja koputades kõlab õõnsalt.
h) Enne viilutamist ja serveerimist lase ciabattal jahtuda.

PUHJALINE CIABATTA

13.Pirni ja Gorgonzola Ciabatta pizza

KOOSTISOSAD:
- 1 partii põhilist ciabatta tainast
- 2 küpset pirni õhukesteks viiludeks
- 1/2 tassi murendatud Gorgonzola juustu
- 2 supilusikatäit mett
- 1/4 tassi hakitud kreeka pähkleid
- Kaunistuseks värsked tüümianilehed

JUHISED:
a) Kuumuta ahi temperatuurini 425 °F (220 °C).
b) Valmista ciabatta põhitainas oma lemmikretsepti järgi.
c) Kui tainas on kerkinud, suruge see alla ja jagage see kaheks võrdseks osaks.
d) Rulli iga tainaosa jahusel pinnal õhukeseks ringiks.
e) Tõsta lahtirullitud tainas küpsetuspaberiga kaetud ahjuplaadile.
f) Nirista iga taignaringi pinnale ühtlaselt mett.
g) Laota õhukesteks viiludeks lõigatud pirnid mee peale.
h) Puista pirnidele murendatud Gorgonzola juust ja hakitud kreeka pähkleid.
i) Küpseta eelkuumutatud ahjus 15-20 minutit või kuni ciabatta koorik on kuldpruun ja krõbe.
j) Võta ahjust välja ja lase enne viilutamist veidi jahtuda.
k) Enne serveerimist kaunista värskete tüümianilehtedega.

14. Kirsi ja Mascarpone täidisega Ciabatta Prantsuse röstsai

KOOSTISOSAD:
- 1 partii põhilist ciabatta tainast
- 1 tass kivideta kirsse, poolitatud
- 4 untsi mascarpone juustu
- 4 suurt muna
- 1/2 tassi piima
- 2 supilusikatäit granuleeritud suhkrut
- 1 tl vaniljeekstrakti
- Serveerimiseks vahtrasiirup

JUHISED:
a) Kuumuta ahi temperatuurini 375 ° F (190 ° C).
b) Valmista ciabatta põhitainas oma lemmikretsepti järgi.
c) Kui tainas on kerkinud, suruge see alla ja jagage see neljaks võrdseks osaks.
d) Rulli iga tainaosa jahusel pinnal väikeseks ristkülikuks.
e) Määri mascarpone juust ühtlaselt poolele igast taigna ristkülikust.
f) Aseta mascarpone juustu peale kirsipoolikud.
g) Voldi teine pool taignast täidise peale, et tekiks tasku ja sule servad kinni.
h) Prantsuse röstsaia taigna valmistamiseks vahustage madalas tassis munad, piim, granuleeritud suhkur ja vaniljeekstrakt.
i) Kastke iga täidetud ciabatta tasku prantsuse röstsaia taignasse, kattes mõlemalt poolt.
j) Aseta täidetud ciabatta taskud küpsetuspaberiga kaetud ahjuplaadile.
k) Küpseta eelkuumutatud ahjus 20-25 minutit või kuni ciabatta on kuldpruun ja läbi küpsenud.
l) Serveeri soojalt vahtrasiirupiga.

15.Õuna-kaneeli täidisega Ciabatta rullid

KOOSTISOSAD:
- 1 partii põhilist ciabatta tainast
- 2 õuna, kooritud, südamikust puhastatud ja kuubikuteks lõigatud
- 2 spl soolata võid
- 1/4 tassi pruuni suhkrut
- 1 tl jahvatatud kaneeli
- 1/4 tl jahvatatud muskaatpähklit
- 1 spl sidrunimahla
- tuhksuhkur tolmutamiseks (valikuline)

JUHISED:
a) Kuumuta ahi temperatuurini 375 ° F (190 ° C).
b) Valmista ciabatta põhitainas oma lemmikretsepti järgi.
c) Sulata pannil keskmisel kuumusel või. Lisa kuubikuteks lõigatud õunad ja küpseta, kuni need on pehmenenud, umbes 5-7 minutit.
d) Sega juurde pruun suhkur, jahvatatud kaneel, jahvatatud muskaatpähkel ja sidrunimahl. Küpseta veel 2-3 minutit, kuni segu on karamelliseerunud ja lõhnab. Eemaldage kuumusest ja laske veidi jahtuda.
e) Jaga ciabatta tainas väikesteks osadeks. Tasandage iga osa ringiks.
f) Tõsta õunasegu lusikaga iga ciabatta ringi keskele.
g) Murra ciabatta taigna ääred õunatäidise peale, näpista servad kinni ja vormi pall.
h) Tõsta täidetud ciabatta rullid küpsetuspaberiga kaetud ahjuplaadile.
i) Küpseta eelkuumutatud ahjus 15-20 minutit või kuni rullid on kuldpruunid ja läbi küpsenud.
j) Eemaldage ahjust ja laske veidi jahtuda. Enne serveerimist puista soovi korral üle tuhksuhkruga.

16.Jõhvika pähkel täistera Ciabatta

KOOSTISOSAD:
- 1 1/2 tassi sooja vett (110 ° F või 45 ° C)
- 2 1/4 teelusikatäit aktiivset kuivpärmi (1 pakk)
- 1 tl suhkrut
- 3 1/2 tassi täistera nisujahu
- 1 1/2 teelusikatäit soola
- 1/2 tassi kuivatatud jõhvikaid
- 1/2 tassi hakitud kreeka pähkleid
- 1 spl oliiviõli
- Maisi- või mannajahu (tolmutamiseks)

JUHISED:
a) Segage väikeses kausis soe vesi, pärm ja suhkur. Laske sellel seista umbes 5-10 minutit, kuni segu muutub vahuseks.
b) Sega suures segamiskausis täistera nisujahu ja sool. Tee jahusegu keskele süvend.
c) Vala jahus olevasse süvendisse pärmisegu ja oliiviõli.
d) Segage koostisosi, kuni moodustub tainas.
e) Sõtku tainast jahusel pinnal umbes 8-10 minutit, kuni see muutub ühtlaseks ja elastseks. Kui tainas on liiga kleepuv, võite lisada veidi rohkem jahu.
f) Aseta tainas kergelt õlitatud kaussi, kata puhta riide või kilega ja lase soojas tuuletõmbuseta kohas kerkida umbes 1 tund või kuni see on kahekordistunud.
g) Kuumuta ahi temperatuurini 450 °F (230 °C). Asetage küpsetuskivi või ümberpööratud küpsetusplaat ahju, kuna see eelsoojeneb. Kui teil on pitsakivi, sobib see suurepäraselt ciabatta küpsetamiseks.
h) Suruge tainas alla ja jagage see kaheks võrdseks osaks.
i) Rulli iga portsjon pikaks õhukeseks ciabatta kujuliseks. Võid tainast kätega vormida või jahusel pinnal lahti rullida ja seejärel maisijahu- või mannapudrujahuga üle puistatud ahjuplaadile või pitsakoorele.
j) Puista kuivatatud jõhvikad ja hakitud kreeka pähklid ühtlaselt iga ciabatta peale ja suru need õrnalt tainasse.
k) Kata vormitud ciabattad puhta lapiga ja lase uuesti kerkida umbes 20-30 minutit.

l) Terava noa või habemenuga tehke ciabatta tippudele diagonaalsed kaldkriipsud. See aitab neil klassikalist ciabatta välimust laiendada ja arendada.
m) Tõsta ciabatta ettevaatlikult eelsoojendatud ahju, kas otse küpsetuskivile või kuumale ahjuplaadile. Olge ahju avamisel ettevaatlik; see on kuum!
n) Küpseta umbes 25-30 minutit või kuni ciabatta on kuldpruun ja põhja koputades kõlab õõnsana.
o) Enne viilutamist ja serveerimist lase ciabattal restil jahtuda.

17. Aprikoosi ciabatta meeglasuuriga

KOOSTISOSAD:
- 2 tassi jahu
- 1,5 tassi vett
- 1 tl pärmi
- 1 spl soola
- 10 kuivatatud aprikoosi, leotatud üleöö apelsinimahlas
- 3 spl mett
- 1 spl võid
- 1 spl mandlilaaste
- 1 spl rosinaid

JUHISED:
a) Alustage kõigi koostisosade kogumisega.
b) Taigna valmistamise hõlbustamiseks võtke jahu sügavasse kaussi. Lisa jahule pärm ja sool, seejärel vahusta ja sega kõik korralikult läbi.
c) Lisa vesi ja sega hästi jahuseguga. Sel hetkel tekib kleepuv tainas.
d) Kata tainast sisaldav kauss toidukilega ja lase 45 minutit seista.
e) 45 minuti pärast tehke käed märjaks ja voldi tainast mõneks minutiks kokku. Tainas võib siiski olla veidi kleepuv. Korrake seda sammu kolm korda, kusjuures iga kordus on eraldatud 45-minutilise intervalliga.
f) Pärast viimast 45-minutilist intervalli puista tööpind jahuga üle ja tõsta sellele tainas. Puista tainale ka veidi jahu.
g) Jagage tainas 4 võrdseks osaks.
h) Võtke üks portsjon, vajutage ja ajage see laiali ning seejärel rullige ciabatta vormi. Korrake seda protsessi teiste osadega.
i) Aseta rullitud tainas küpsetuspaberiga kaetud või määritud ahjuplaadile. Kata see riidest salvrätikuga ja lase veel 20 minutit puhata.
j) Kuumuta ahi 200 kraadini Celsiuse järgi. Ahju kuumenemise ajal eemalda salvrätik ja pritsi tainale kergelt vett. Tee taina peale terava noaga paar sisselõiget. Küpseta 30 minutit.
k) 30 minuti pärast on teil kaunis kuldne ciabatta.

l) Nüüd valmistame meega glasuuritud aprikoosid. Nõruta aprikoosidelt apelsinimahl. Sulata pannil või ja kui see on kuum, lisa aprikoosid.
m) Küpseta aprikoose mõlemalt poolt kuldpruuniks.
n) Lisa pannile mesi ja sega hästi, et tekiks aprikoosidele läikiv glasuur.
o) On aeg tassi kokku panna. Lõika ciabatta meelepäraseks vormiks ja pane peale meega glasuuritud aprikoosid. Kaunista mandlilaastude ja rosinatega.

18.Mustikas ja sidrun Ciabatta

KOOSTISOSAD:
- 1 pakk pärmi
- 1½ supilusikatäit mett
- 1¼ tassi sooja vett
- 1½ tassi leivajahu
- 1½ tassi täistera nisujahu
- 1 tl Sool
- 1 tass värskeid mustikaid
- 1 sidruni koor
- ¼ tassi sidrunimahla
- Või (kausi katmiseks)
- 1 muna (klopitud, glasuuri jaoks)

JUHISED:
a) Lahustage pärm ja mesi ¼ tassi soojas vees ja laske sellel umbes 10 minutit seista, kuni see hakkab vahutama.
b) Segage plastikust taignateraga köögikombainis omavahel leivajahu, täisteranisujahu ja sool. Töötle umbes 30 sekundit.
c) Lisa pärmisegu töötava masinaga köögikombaini. Lisage aeglaselt järelejäänud 1 tass vett läbi toitetoru. Töötle, kuni tainas kausi küljed selgeks lööb ja ei ole enam kuiv, umbes 1 minut.
d) Tõsta tainas kergelt jahuga ülepuistatud lauale.
e) Sõtku sisse värskeid mustikaid ja sidrunikoort umbes 5 minutit või kuni need on ühtlaselt jaotunud.
f) Määri suur kauss võiga. Tõsta tainas kaussi, keerake peal, et katta võiga. Kata kilega ja rätikuga ning tõsta sooja kohta kerkima, kuni tainas on kahekordistunud, umbes 1 kuni 1-½ tundi.
g) Kuumuta ahi temperatuurini 425 °F (220 °C).
h) Tõsta tainas uuesti kergelt jahuga ülepuistatud lauale.
i) Suruge õhumullide eemaldamiseks alla ja vormige tainas umbes 15–16 tolli pikkuseks ciabatta kujuliseks.
j) Tõsta vormitud tainas võiga määritud ahjuplaadile või ciabatta pannile.
k) Kata kilega ja rätikuga ning tõsta kõrvale, kuni tainas on peaaegu kahekordistunud, umbes 45 minutit.
l) Pintselda ciabatta lahtiklopitud munaga.

m) Küpseta 30–40 minutit, kuni ciabatta on hästi pruunistunud ja koputades kõlab õõnsalt.
n) Kuni ciabatta küpseb, valmista sidruniglasuur, segades sidrunimahla vähese meega.
o) Kui ciabatta on valmis, eemaldage see ahjust ja pintseldage seda kohe sidruniglasuuriga, et lisada sidrunimaitset.
p) Enne viilutamist lase ciabattal mõni minut jahtuda.
q) Lõika ciabatta üksikuteks portsjoniteks ja naudi mustika- ja sidruni Ciabattat.

19.Viigimarja- ja Brie täisteranisu Ciabatta

KOOSTISOSAD:
- 1 1/2 tassi sooja vett (110 ° F või 45 ° C)
- 2 1/4 teelusikatäit aktiivset kuivpärmi (1 pakk)
- 1 tl suhkrut
- 3 1/2 tassi täistera nisujahu
- 1 1/2 teelusikatäit soola
- 1/2 tassi kuivatatud viigimarju, hakitud
- 4 untsi Brie juustu, viilutatud või kuubikuteks lõigatud
- 1 spl oliiviõli
- Maisi- või mannajahu (tolmutamiseks)

JUHISED:
a) Segage väikeses kausis soe vesi, pärm ja suhkur. Laske sellel seista umbes 5-10 minutit, kuni segu muutub vahuseks.
b) Sega suures segamiskausis täistera nisujahu ja sool. Tee jahusegu keskele süvend.
c) Vala jahus olevasse süvendisse pärmisegu ja oliiviõli.
d) Segage koostisosi, kuni moodustub tainas.
e) Sõtku tainast jahusel pinnal umbes 8-10 minutit, kuni see muutub ühtlaseks ja elastseks. Kui tainas on liiga kleepuv, võite lisada veidi rohkem jahu.
f) Aseta tainas kergelt õlitatud kaussi, kata puhta riide või kilega ja lase soojas tuuletõmbuseta kohas kerkida umbes 1 tund või kuni see on kahekordistunud.
g) Kuumuta ahi temperatuurini 450 °F (230 °C). Asetage küpsetuskivi või ümberpööratud küpsetusplaat ahju, kuna see eelsoojeneb. Kui teil on pitsakivi, sobib see suurepäraselt ciabatta küpsetamiseks.
h) Suruge tainas alla ja jagage see kaheks võrdseks osaks.
i) Rulli iga portsjon pikaks õhukeseks ciabatta kujuliseks. Võid tainast kätega vormida või jahusel pinnal lahti rullida ja seejärel maisijahu- või mannapudrujahuga üle puistatud ahjuplaadile või pitsakoorele.
j) Suru hakitud kuivatatud viigimarjad ja Brie juustu viilud või kuubikud ühtlaselt tainasse.
k) Kata vormitud ciabattad puhta lapiga ja lase uuesti kerkida umbes 20-30 minutit.

l) Terava noa või habemenuga tehke ciabatta tippudele diagonaalsed kaldkriipsud. See aitab neil klassikalist ciabatta välimust laiendada ja arendada.
m) Tõsta ciabatta ettevaatlikult eelsoojendatud ahju, kas otse küpsetuskivile või kuumale ahjuplaadile. Olge ahju avamisel ettevaatlik; see on kuum!
n) Küpseta umbes 25-30 minutit või kuni ciabatta on kuldpruun ja põhja koputades kõlab õõnsana.
o) Enne viilutamist ja serveerimist lase ciabattal restil jahtuda.
p) Nautige omatehtud viigimarja- ja täisteranisu Ciabattat koos magusate viigimarjade ja kreemja Brie juustu meeldiva kombinatsiooniga!

ÜRMID CIABATTA

20.Rosmariini küüslauk Ciabatta

KOOSTISOSAD:
- 500g kanget saiajahu
- 10 g soola
- 7 g kiirpärmi
- 350 ml leiget vett
- 2 spl oliiviõli
- 2 küüslauguküünt, hakitud
- 1 spl hakitud värsket rosmariini
- Täiendav oliiviõli harjamiseks

JUHISED:
a) Sega kausis jahu, sool ja pärm omavahel. Lisa vesi ja oliiviõli ning sõtku ühtlaseks massiks.
b) Kata ja lase kerkida, kuni see kahekordistub.
c) Kuumuta ahi 220°C-ni (425°F).
d) Punni tainas alla ja vormi ciabatta päts.
e) Asetage küpsetusplaadile, katke ja laske uuesti kerkida.
f) Sega hakitud küüslauk ja hakitud rosmariin vähese oliiviõliga. Pintselda segu ciabatta peale.
g) Küpseta 25-30 minutit kuldpruuniks. Enne viilutamist jahuta restil.

21. Küüslaugu petersell Ciabatta

KOOSTISOSAD:
- 1 ciabatta päts
- ½ tassi soolatud võid
- 4 küüslauguküünt
- 2 supilusikatäit peeneks riivitud parmesani juustu ja lisaks kuumale küüslauguleivale puistamiseks
- 2 supilusikatäit peeneks hakitud lamedate lehtedega peterselli
- ⅛ teelusikatäis peent soola

JUHISED:

a) Kuumuta ahi temperatuurini 425ºF/220ºC ja valmista suur küpsetusplaat.

b) Lõika ciabatta pikuti pooleks ja aseta küpsetusplaadile lõikepool üleval.

c) Koori ja haki küüslauguküüned peeneks. Puista peale soola, seejärel kasuta hakitud küüslaugu purustamiseks noa tera. Liikuge üle küüslauguhunniku, seejärel kraapige see kokku ja korrake. Tehke seda mitu korda, kuni küüslauk on peene pasta.

d) Sega väikeses segamiskausis või, hakitud küüslauk, parmesani juust ja petersell.

e) Kasutades palettnoa või muud sarnast, määri võisegu õhukese ja ühtlase kihina mõlema leivapoole lõikepoolele.

f) Küpseta 10-15 minutit, kuni või on sulanud ja leib kergelt kuldpruun. Tõsta ahjust välja ja puista kohe peale ekstra riivitud Parmesani juustu. Lõika 5 cm (2 tolli) viiludeks ja serveeri kuumalt.

22. Rosmariin Ciabatta

KOOSTISOSAD:
- 1 sibul küüslauk
- 1 tl soola
- 1 spl oliiviõli
- 4 rosmariini oksa
- ainult nõelad
- 1 päts ciabattat
- 1 näputäis jämedat meresoola

JUHISED:
a) Lõika küüslaugu sibula ülaosa (nii näete nelki alla) ja aseta sibul tulekindlasse nõusse.
b) Puista peale teelusikatäis soola ja supilusikatäis oliiviõli.
c) Pange see üheks tunniks 190 kraadisesse ahju.
d) Kui küüslauk ahjust välja tuleb, lase sel korraks jahtuda ja seejärel pigista küüslauk kaussi.
e) Lisage 60 ml oliiviõli ja segage hästi.
f) Tõsta ahju temperatuur 225 kraadini .
g) Lõika leib noaga, mitte läbi ja lõhki (ca 1 cm põhja kohal).
h) Pintselda küljed küüslaugu/oliiviõli seguga.
i) Puista saiale rosmariini ja 1 spl jämedat meresoola. Nirista peale veidi oliiviõli.
j) Pane leib ahju ja lase leival küpseda 20-25 minutit.
k) Kui leib muutub tumedaks, võite selle katta alumiiniumfooliumiga.

23.Rosmariini täistera Ciabatta

KOOSTISOSAD:
- 1 1/2 tassi sooja vett (110 ° F või 45 ° C)
- 2 1/4 teelusikatäit aktiivset kuivpärmi (1 pakk)
- 1 tl suhkrut
- 3 1/2 tassi täistera nisujahu
- 1 1/2 teelusikatäit soola
- 1 spl oliiviõli
- 1 1/2 supilusikatäit värsket rosmariini, peeneks hakitud (või 1 1/2 tl kuivatatud rosmariini)
- Maisi- või mannajahu (tolmutamiseks)

JUHISED:
a) Segage väikeses kausis soe vesi, pärm ja suhkur. Laske sellel seista umbes 5-10 minutit, kuni segu muutub vahuseks.
b) Sega suures segamiskausis täistera nisujahu, sool ja hakitud rosmariin. Tee jahusegu keskele süvend.
c) Vala jahus olevasse süvendisse pärmisegu ja oliiviõli.
d) Segage koostisosi, kuni moodustub tainas.
e) Sõtku tainast jahusel pinnal umbes 8-10 minutit, kuni see muutub ühtlaseks ja elastseks. Kui tainas on liiga kleepuv, võite lisada veidi rohkem jahu.
f) Aseta tainas kergelt õlitatud kaussi, kata puhta riide või kilega ja lase soojas tuuletõmbuseta kohas kerkida umbes 1 tund või kuni see on kahekordistunud.
g) Kuumuta ahi temperatuurini 450 °F (230 °C). Asetage küpsetuskivi või ümberpööratud küpsetusplaat ahju, kuna see eelsoojeneb. Kui teil on pitsakivi, sobib see suurepäraselt ciabatta küpsetamiseks.
h) Suruge tainas alla ja jagage see kaheks võrdseks osaks.
i) Rulli iga portsjon pikaks õhukeseks ciabatta kujuliseks. Võid tainast kätega vormida või jahusel pinnal lahti rullida ja seejärel maisijahu- või mannapudrujahuga üle puistatud ahjuplaadile või pitsakoorele.
j) Kata vormitud ciabattad puhta lapiga ja lase uuesti kerkida umbes 20-30 minutit.

k) Terava noa või habemenuga tehke ciabatta tippudele diagonaalsed kaldkriipsud. See aitab neil klassikalist ciabatta välimust laiendada ja arendada.
l) Tõsta ciabatta ettevaatlikult eelsoojendatud ahju, kas otse küpsetuskivile või kuumale ahjuplaadile. Olge ahju avamisel ettevaatlik; see on kuum!
m) Küpseta umbes 25-30 minutit või kuni ciabatta on kuldpruun ja põhja koputades kõlab õõnsana.
n) Enne viilutamist ja serveerimist lase ciabattal restil jahtuda.
o) Nautige omatehtud rosmariini täisteranisu Ciabattat imelise rosmariini aroomi ja maitsega!

PÄHKLI CIABATTA

24. Pähkel ja rosina Ciabatta

KOOSTISOSAD:
- 1 pakk pärmi
- 1½ supilusikatäit mett
- 1¼ tassi sooja vett
- 1½ tassi leivajahu
- 1½ tassi täistera nisujahu
- 1 tl Sool
- ¾ tassi kreeka pähkli poolikuid või pistaatsiapähkel
- ¾ tassi sõstraid
- ¼ tassi kuldseid rosinaid
- Või; kausi katmiseks
- 1 muna; pekstud, glasuuriks

JUHISED:

a) Lahustage pärm ja mesi ¼ tassi soojas vees ja laske umbes 10 minutit seista, kuni see hakkab vahutama.

b) Sega plastikust taignateraga köögikombainis omavahel jahud ja sool. Töötle umbes 30 sekundit. Lisa kreeka pähklid ja töötle veel 15 sekundit. Kui masin töötab, valage pärmisegu läbi etteandetoru.

c) Kui masin töötab, lisage aeglaselt läbi etteandetoru 1 tass vett.

d) Töötle, kuni tainas kausi küljed selgeks lööb ja ei ole enam kuiv, lisa umbes 1 minut. Tõsta kergelt jahuga ülepuistatud lauale ning sõtku hulka sõstraid ja rosinaid umbes 5 minutit.

e) Määri suur kauss võiga. Tõsta tainas kaussi, keerake peal, et katta võiga. Kata kilega ja rätikuga ning tõsta sooja kohta kerkima, kuni tainas on kahekordistunud, umbes 1–1-½ tundi.

f) Tõsta tainas kergelt jahuga ülepuistatud lauale. Suruge õhumullide eemaldamiseks alla ja jagage tainas kaheks võrdseks osaks. Rullige iga osa 6 x 15-tolliseks leheks. Rullige lehed pikkadeks silindriteks, pigistades servad kinni. Tõsta silindrid, õmblusega pool allpool, võiga määritud ahjuplaadile või kahele ciabatta pannile. Kata kilega ja rätikuga ning tõsta kõrvale, kuni tainas on peaaegu kahekordistunud, umbes 45 minutit.

g) Kuumuta ahi 425-ni.

h) Määri pätsid lahtiklopitud munaga ja lõika terava noaga mitu korda diagonaalis läbi.

i) Küpseta 30–40 minutit, kuni pätsid on hästi pruunistunud.

25.Mandli mooniseemne täistera Ciabatta

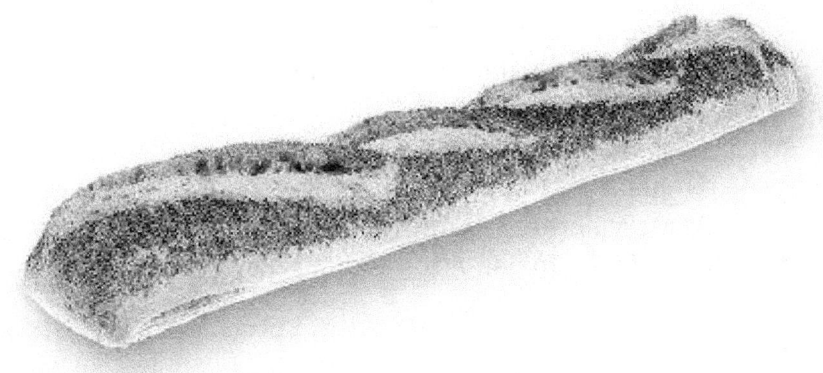

KOOSTISOSAD:
- 1 1/2 tassi sooja vett (110 ° F või 45 ° C)
- 2 1/4 teelusikatäit aktiivset kuivpärmi (1 pakk)
- 1/4 tassi suhkrut
- 3 1/2 tassi täistera nisujahu
- 1 1/2 teelusikatäit soola
- 1/4 tassi mandlijahu (peeneks jahvatatud mandlid)
- 2 spl mooniseemneid
- 1/4 tassi taimeõli
- 1 tl mandli ekstrakti
- 1/2 tassi viilutatud mandleid (katteks)
- Maisi- või mannajahu (tolmutamiseks)

JUHISED:
a) Segage väikeses kausis soe vesi, pärm ja suhkur. Laske sellel seista umbes 5-10 minutit, kuni segu muutub vahuseks.
b) Sega suures segamiskausis täistera nisujahu, mandlijahu, mooniseemned ja sool.
c) Tee jahusegu keskele süvend.
d) Valage jahus olevasse süvendisse pärmisegu, taimeõli ja mandliekstrakt.
e) Segage koostisosi, kuni moodustub tainas.
f) Sõtku tainast jahusel pinnal umbes 8-10 minutit, kuni see muutub ühtlaseks ja elastseks. Kui tainas on liiga kleepuv, võite lisada veidi rohkem jahu.
g) Aseta tainas kergelt õlitatud kaussi, kata puhta riide või kilega ja lase soojas tuuletõmbuseta kohas kerkida umbes 1 tund või kuni see on kahekordistunud.
h) Kuumuta ahi temperatuurini 375 ° F (190 ° C). Asetage küpsetusplaat ahju, kuna see eelsoojeneb.
i) Punni tainas alla ja vormi sellest pikk õhuke ciabatta kuju. Võid käte abil taigna vormida või jahusel pinnal lahti rullida.
j) Puista kuum küpsetusplaat maisijahu või mannajahuga ja tõsta seejärel ciabatta plaadile.
k) Puista ciabatta peale tükeldatud mandlid, surudes need õrnalt tainasse.

l) Tee ciabatta peale kaunistuseks terava noa või žiletiteraga paar madalat kaldkriipsu.
m) Küpseta umbes 25-30 minutit või kuni ciabatta on kõva ja põhja koputades kõlab õõnsalt.
n) Enne viilutamist ja serveerimist lase ciabattal restil jahtuda.
o) Nautige oma maitsvat mandli-mooniseemnete täistera Ciabattat, mis on täidetud mandlite pähklise maitse ja mooniseemnete õrna maitsega!

26.Jõhvikas Macadamia Ciabatta

KOOSTISOSAD:
- 1 1/2 tassi sooja vett (110 ° F või 45 ° C)
- 2 1/4 teelusikatäit aktiivset kuivpärmi (1 pakk)
- 1 tl suhkrut
- 3 1/2 tassi täistera nisujahu
- 1 1/2 teelusikatäit soola
- 1/2 tassi kuivatatud jõhvikaid
- 1/2 tassi hakitud makadaamiat
- 1 spl oliiviõli
- Maisi- või mannajahu (tolmutamiseks)

JUHISED:
a) Segage väikeses kausis soe vesi, pärm ja suhkur. Laske sellel seista umbes 5-10 minutit, kuni segu muutub vahuseks.
b) Sega suures segamiskausis täistera nisujahu ja sool. Tee jahusegu keskele süvend.
c) Vala jahus olevasse süvendisse pärmisegu ja oliiviõli.
d) Segage koostisosi, kuni moodustub tainas.
e) Sõtku tainast jahusel pinnal umbes 8-10 minutit, kuni see muutub ühtlaseks ja elastseks. Kui tainas on liiga kleepuv, võite lisada veidi rohkem jahu.
f) Aseta tainas kergelt õlitatud kaussi, kata puhta riide või kilega ja lase soojas tuuletõmbuseta kohas kerkida umbes 1 tund või kuni see on kahekordistunud.
g) Kuumuta ahi temperatuurini 450 °F (230 °C). Asetage küpsetuskivi või ümberpööratud küpsetusplaat ahju, kuna see eelsoojeneb. Kui teil on pitsakivi, sobib see suurepäraselt ciabatta küpsetamiseks.
h) Suruge tainas alla ja jagage see kaheks võrdseks osaks.
i) Rulli iga portsjon pikaks õhukeseks ciabatta kujuliseks. Võid tainast kätega vormida või jahusel pinnal lahti rullida ja seejärel maisijahu- või mannapudrujahuga üle puistatud ahjuplaadile või pitsakoorele.
j) Puista kuivatatud jõhvikad ja hakitud pähklid ühtlaselt iga ciabatta peale ja suru need õrnalt tainasse.
k) Kata vormitud ciabattad puhta lapiga ja lase uuesti kerkida umbes 20-30 minutit.

l) Terava noa või habemenuga tehke ciabatta tippudele diagonaalsed kaldkriipsud. See aitab neil klassikalist ciabatta välimust laiendada ja arendada.
m) Tõsta ciabatta ettevaatlikult eelsoojendatud ahju, kas otse küpsetuskivile või kuumale ahjuplaadile. Olge ahju avamisel ettevaatlik; see on kuum!
n) Küpseta umbes 25-30 minutit või kuni ciabatta on kuldpruun ja põhja koputades kõlab õõnsana.
o) Enne viilutamist ja serveerimist lase ciabattal restil jahtuda.

27. Sõstra-kreeka pähkli ciabatta

KOOSTISOSAD:
- 1 pakk pärmi
- 1½ supilusikatäit mett
- 1¼ tassi sooja vett
- 1½ tassi leivajahu
- 1½ tassi täistera nisujahu
- 1 tl Sool
- ¾ tassi kreeka pähkli poolikuid või pistaatsiapähkel
- ¾ tassi sõstraid
- ¼ tassi kuldseid rosinaid
- Või; kausi katmiseks
- 1 muna; pekstud, glasuuriks

JUHISED:

j) Lahustage pärm ja mesi ¼ tassi soojas vees ja laske umbes 10 minutit seista, kuni see hakkab vahutama.

k) Sega plastikust taignateraga köögikombainis omavahel jahud ja sool. Töötle umbes 30 sekundit. Lisa kreeka pähklid ja töötle veel 15 sekundit. Kui masin töötab, valage pärmisegu läbi etteandetoru.

l) Kui masin töötab, lisage aeglaselt läbi etteandetoru 1 tass vett.

m) Töötle, kuni tainas kausi küljed selgeks lööb ja ei ole enam kuiv, lisa umbes 1 minut. Tõsta kergelt jahuga ülepuistatud lauale ning sõtku hulka sõstraid ja rosinaid umbes 5 minutit.

n) Määri suur kauss võiga. Tõsta tainas kaussi, keerake peal, et katta võiga. Kata kilega ja rätikuga ning tõsta sooja kohta kerkima, kuni tainas on kahekordistunud, umbes 1–1-½ tundi.

o) Tõsta tainas kergelt jahuga ülepuistatud lauale. Suruge õhumullide eemaldamiseks alla ja jagage tainas kaheks võrdseks osaks. Rullige iga osa 6 x 15-tolliseks leheks. Rullige lehed pikkadeks silindriteks, pigistades servad kinni. Tõsta silindrid, õmblusega pool allpool, võiga määritud ahjuplaadile või kahele ciabatta pannile. Kata kilega ja rätikuga ning tõsta kõrvale, kuni tainas on peaaegu kahekordistunud, umbes 45 minutit.

p) Kuumuta ahi 425-ni.

q) Määri pätsid lahtiklopitud munaga ja lõika terava noaga mitu korda diagonaalis läbi.

r) Küpseta 30–40 minutit, kuni pätsid on hästi pruunistunud.

Vürtsistatud CIABATTA

28.Mee maitseaine kamut leib

KOOSTISOSAD:
- ½ tassi sooja vett
- 2 pakki Kuiv aktiivpärm
- 1½ tassi sooja sojapiima
- 2 spl rapsiõli
- ½ tassi mett
- 1 suur muna või samaväärne vegan munaasendaja
- 3 tassi kamutijahu
- 1 tl kaneeli
- 1 tl muskaatpähkel
- ½ teelusikatäit soola
- 3 tassi speltajahu
- Küpsetussprei või õli

JUHISED:

a) Segage väikeses kausis vesi ja pärm. Kata ja jäta 7–10 minutiks kõrvale.

b) Sega keskmises segamiskausis kokku sojapiim, õli, mesi ja muna. Kõrvale panema.

c) Segage suures segamiskausis kamurjahu, kaneel, muskaatpähkel ja sool. Ühendage piimasegu ja pärmisegu ning segage hoolikalt. Sega vähehaaval hulka speltajahu.

d) Tõsta tainas kergelt jahusel pinnale ja sõtku 4–5 minutit või kuni tainas on kergelt elastne.

e) Kata tainas rätikuga ja lase kerkida 1–2 tundi või kuni see on kahekordistunud.

f) Piserdage või pintseldage suur küpsetusplaat kergelt õliga üle. Punni tainas alla ja jaga pooleks. Vormi mõlemad pooled piklikuks pätsiks ja asetage pätsid küpsetusplaadile, üksteisest umbes kolme tolli kaugusel. Kata rätikuga ja lase kerkida 1–2 tundi või kuni see kahekordistub.

g) Kuumuta ahi 350 F-ni. Küpseta pätse umbes 45 minutit või kuni need kõlavad koputamisel õõnsana. Laske 10 minutit jahtuda, seejärel tõstke pätsid restile ja jahutage enne viilutamist täielikult.

29. Rosina kaneeli täistera Ciabatta

KOOSTISOSAD:
- 1 1/2 tassi sooja vett (110 ° F või 45 ° C)
- 2 1/4 teelusikatäit aktiivset kuivpärmi (1 pakk)
- 1/4 tassi suhkrut
- 3 1/2 tassi täistera nisujahu
- 1 1/2 teelusikatäit soola
- 1/2 tassi rosinaid
- 2 tl jahvatatud kaneeli
- 1 spl oliiviõli
- Maisi- või mannajahu (tolmutamiseks)

JUHISED:
a) Segage väikeses kausis soe vesi, pärm ja suhkur. Laske sellel seista umbes 5-10 minutit, kuni segu muutub vahuseks.
b) Segage suures segamiskausis täistera nisujahu, sool ja jahvatatud kaneel. Tee jahusegu keskele süvend.
c) Vala jahus olevasse süvendisse pärmisegu ja oliiviõli.
d) Segage koostisosi, kuni moodustub tainas.
e) Sõtku tainast jahusel pinnal umbes 8-10 minutit, kuni see muutub ühtlaseks ja elastseks. Kui tainas on liiga kleepuv, võite lisada veidi rohkem jahu.
f) Aseta tainas kergelt õlitatud kaussi, kata puhta riide või kilega ja lase soojas tuuletõmbuseta kohas kerkida umbes 1 tund või kuni see on kahekordistunud.
g) Kuumuta ahi temperatuurini 450 °F (230 °C). Asetage küpsetuskivi või ümberpööratud küpsetusplaat ahju, kuna see eelsoojeneb. Kui teil on pitsakivi, sobib see suurepäraselt ciabatta küpsetamiseks.
h) Suruge tainas alla ja jagage see kaheks võrdseks osaks.
i) Rulli iga portsjon pikaks õhukeseks ciabatta kujuliseks. Võid tainast kätega vormida või jahusel pinnal lahti rullida ja seejärel maisijahu- või mannapudrujahuga üle puistatud ahjuplaadile või pitsakoorele.
j) Puista rosinad ühtlaselt iga ciabatta peale ja suru need õrnalt tainasse.
k) Kata vormitud ciabattad puhta lapiga ja lase uuesti kerkida umbes 20-30 minutit.

l) Terava noa või habemenuga tehke ciabatta tippudele diagonaalsed kaldkriipsud. See aitab neil klassikalist ciabatta välimust laiendada ja arendada.

m) Tõsta ciabatta ettevaatlikult eelsoojendatud ahju, kas otse küpsetuskivile või kuumale ahjuplaadile. Olge ahju avamisel ettevaatlik; see on kuum!

n) Küpseta umbes 25-30 minutit või kuni ciabatta on kuldpruun ja põhja koputades kõlab õõnsana.

o) Enne viilutamist ja serveerimist lase ciabattal restil jahtuda.

30.Tšillihelbed ja paprika Ciabatta

KOOSTISOSAD:
- 500g kanget saiajahu
- 10 g soola
- 7 g kiirpärmi
- 350 ml leiget vett
- 2 spl oliiviõli
- 1 spl tšillihelbeid
- 1 spl suitsupaprikat

JUHISED:
a) Sega kausis jahu, sool ja pärm. Lisa vesi ja oliiviõli ning sõtku ühtlaseks massiks.
b) Kata ja lase kerkida, kuni see kahekordistub.
c) Kuumuta ahi 220°C-ni (425°F).
d) Punni tainas alla ja vormi ciabatta päts.
e) Asetage küpsetusplaadile, katke ja laske uuesti kerkida.
f) Sega tšillihelbed ja suitsupaprika vähese oliiviõliga. Määri segu ciabatta peale.
g) Küpseta 25-30 minutit kuldpruuniks. Enne viilutamist jahuta restil.

31.Kurkum ja köömne Ciabatta

KOOSTISOSAD:
- 500g kanget saiajahu
- 10 g soola
- 7 g kiirpärmi
- 350 ml leiget vett
- 2 spl oliiviõli
- 1 tl jahvatatud kurkumit
- 1 tl jahvatatud köömneid

JUHISED:
a) Sega kausis jahu, sool ja pärm. Lisa vesi ja oliiviõli ning sõtku ühtlaseks massiks.
b) Kata ja lase kerkida, kuni see kahekordistub.
c) Kuumuta ahi 220°C-ni (425°F).
d) Punni tainas alla ja vormi ciabatta päts.
e) Asetage küpsetusplaadile, katke ja laske uuesti kerkida.
f) Sega kurkum ja köömned vähese veega pastaks. Määri pasta ciabatta peale.
g) Küpseta 25-30 minutit kuldpruuniks. Enne viilutamist lase jahtuda.

ŠOKOLAADI CIABATTA

32. Šokolaad sarapuupähkel Ciabatta

KOOSTISOSAD:
- 1 partii põhilist ciabatta tainast
- 1/2 tassi sarapuupähkleid, hakitud
- 1/2 tassi tumeda šokolaadi laastud
- 1/4 tassi kakaopulbrit

JUHISED:

a) Valmista ciabatta põhitainas oma lemmikretsepti järgi.

b) Pärast esimest kerkimist suru tainas alla ja sõtku sisse hakitud sarapuupähkleid ja tumedat šokolaaditükke, kuni need on ühtlaselt jaotunud.

c) Vormi tainast ciabatta päts ja aseta see küpsetuspaberiga kaetud ahjuplaadile.

d) Kata päts puhta köögirätikuga ja lase veel 30-45 minutit kerkida.

e) Kuumuta ahi temperatuurini 400 °F (200 °C).

f) Enne küpsetamist puista päts pealt kakaopulbriga üle.

g) Küpseta 20-25 minutit või kuni päts on kuldpruun ja põhja koputades kõlab õõnsana.

h) Enne viilutamist ja serveerimist lase jahtuda.

33.Šokolaadiapelsin Ciabatta

KOOSTISOSAD:
- 1 partii põhilist ciabatta tainast
- 1 apelsini koor
- 1/2 tassi tumeda šokolaadi tükke
- 1/4 tassi granuleeritud suhkrut

JUHISED:

a) Valmista ciabatta põhitainas oma lemmikretsepti järgi.

b) Pärast esimest kerkimist suruge tainas alla ja sõtke apelsinikoor, tumeda šokolaadi tükid ja granuleeritud suhkur ühtlaselt jaotumiseni.

c) Vormi tainast ciabatta päts ja aseta see küpsetuspaberiga kaetud ahjuplaadile.

d) Kata päts puhta köögirätikuga ja lase veel 30-45 minutit kerkida.

e) Kuumuta ahi temperatuurini 400 °F (200 °C).

f) Küpseta 20-25 minutit või kuni päts on kuldpruun ja põhja koputades kõlab õõnsana.

g) Enne viilutamist ja serveerimist lase veidi jahtuda.

34. Topeltšokolaad Ciabatta

KOOSTISOSAD:
- 1 partii põhilist ciabatta tainast
- 1/2 tassi tumeda šokolaadi laastud
- 1/2 tassi valge šokolaadi laastud
- 2 spl magustamata kakaopulbrit

JUHISED:
a) Valmista ciabatta põhitainas oma lemmikretsepti järgi.
b) Pärast esimest kerkimist suruge tainas alla ja sõtke sisse tumeda šokolaadi laastud, valge šokolaadi laastud ja magustamata kakaopulber, kuni need on ühtlaselt jaotunud.
c) Vormi tainast ciabatta päts ja aseta see küpsetuspaberiga kaetud ahjuplaadile.
d) Kata päts puhta köögirätikuga ja lase veel 30-45 minutit kerkida.
e) Kuumuta ahi temperatuurini 400 °F (200 °C).
f) Küpseta 20-25 minutit või kuni päts on kuldpruun ja põhja koputades kõlab õõnsana.
g) Enne viilutamist ja serveerimist lase jahtuda.

35.Šokolaadi-kirsi mandli Ciabatta

KOOSTISOSAD:
- 1 partii põhilist ciabatta tainast
- 1/2 tassi tumeda šokolaadi tükke
- 1/2 tassi kuivatatud kirsse, tükeldatud
- 1/4 tassi viilutatud mandleid

JUHISED:

a) Valmista ciabatta põhitainas oma lemmikretsepti järgi.

b) Pärast esimest kerkimist suruge tainas alla ja sõtke sisse tumeda šokolaadi tükid, kuivatatud kirsid ja viilutatud mandlid, kuni need on ühtlaselt jaotunud.

c) Vormi tainast ciabatta päts ja aseta see küpsetuspaberiga kaetud ahjuplaadile.

d) Kata päts puhta köögirätikuga ja lase veel 30-45 minutit kerkida.

e) Kuumuta ahi temperatuurini 400 °F (200 °C).

f) Küpseta 20-25 minutit või kuni päts on kuldpruun ja põhja koputades kõlab õõnsana.

g) Enne viilutamist ja serveerimist laske sellel jahtuda.

36.Šokolaadi-maapähklivõi keeris Ciabatta

KOOSTISOSAD:
- 1 partii põhilist ciabatta tainast
- 1/2 tassi tumeda šokolaadi laastud
- 1/4 tassi kreemjat maapähklivõid

JUHISED:
a) Valmista ciabatta põhitainas oma lemmikretsepti järgi.
b) Pärast esimest kerkimist suruge tainas alla ja segage õrnalt tumeda šokolaadi laastud.
c) Jaga tainas pooleks ja rulli iga osa ristkülikuks.
d) Määri maapähklivõi ühtlaselt ühele taigna ristkülikule, jättes servade ümber väikese äärise.
e) Aseta peale teine taigna ristkülik ja suru servad kinni.
f) Rulli tainas ettevaatlikult palgikujuliseks.
g) Tõsta tainas küpsetuspaberiga kaetud ahjuplaadile.
h) Kata päts puhta köögirätikuga ja lase veel 30-45 minutit kerkida.
i) Kuumuta ahi temperatuurini 400 °F (200 °C).
j) Küpseta 20-25 minutit või kuni päts on kuldpruun ja põhja koputades kõlab õõnsana.
k) Enne viilutamist ja serveerimist laske sellel jahtuda.

37.Šokolaad kookospähkel Ciabatta

KOOSTISOSAD:
- 1 partii põhilist ciabatta tainast
- 1/2 tassi tumeda šokolaadi laastud
- 1/2 tassi hakitud kookospähklit

JUHISED:
a) Valmista ciabatta põhitainas oma lemmikretsepti järgi.
b) Pärast esimest kerkimist suruge tainas alla ja segage õrnalt tumeda šokolaadi laastud ja kookospähkel.
c) Vormi tainast ciabatta päts ja aseta see küpsetuspaberiga kaetud ahjuplaadile.
d) Kata päts puhta köögirätikuga ja lase veel 30-45 minutit kerkida.
e) Kuumuta ahi temperatuurini 400 °F (200 °C).
f) Küpseta 20-25 minutit või kuni päts on kuldpruun ja põhja koputades kõlab õõnsana.
g) Enne viilutamist ja serveerimist lase jahtuda.

38.Šokolaad vaarikas Ciabatta

KOOSTISOSAD:
- 1 partii põhilist ciabatta tainast
- 1/2 tassi tumeda šokolaadi laastud
- 1/2 tassi värskeid vaarikaid

JUHISED:
a) Valmista ciabatta põhitainas oma lemmikretsepti järgi.
b) Pärast esimest kerkimist suruge tainas alla ja segage õrnalt tumeda šokolaadi laastud ja värsked vaarikad.
c) Vormi tainast ciabatta päts ja aseta see küpsetuspaberiga kaetud ahjuplaadile.
d) Kata päts puhta köögirätikuga ja lase veel 30-45 minutit kerkida.
e) Kuumuta ahi temperatuurini 400 °F (200 °C).
f) Küpseta 20-25 minutit või kuni päts on kuldpruun ja põhja koputades kõlab õõnsana.
g) Enne viilutamist ja serveerimist laske sellel jahtuda.

39.Ciabatta täistera nisu šokolaaditükk

KOOSTISOSAD:
- 1 1/2 tassi sooja vett (110 ° F või 45 ° C)
- 2 1/4 teelusikatäit aktiivset kuivpärmi (1 pakk)
- 1/4 tassi suhkrut
- 3 1/2 tassi täistera nisujahu
- 1 1/2 teelusikatäit soola
- 1/4 tassi magustamata kakaopulbrit
- 1/2 tassi šokolaaditükke (poolmagus või tume)
- 1/4 tassi taimeõli
- 1 tl vaniljeekstrakti
- Maisi- või mannajahu (tolmutamiseks)

JUHISED:
a) Segage väikeses kausis soe vesi, pärm ja suhkur. Laske sellel seista umbes 5-10 minutit, kuni segu muutub vahuseks.
b) Sega suures segamiskausis täistera nisujahu, kakaopulber ja sool.
c) Tee jahusegu keskele süvend.
d) Valage jahus olevasse süvendisse pärmisegu, taimeõli ja vaniljeekstrakt.
e) Segage koostisosi, kuni moodustub tainas.
f) Sõtku tainast jahusel pinnal umbes 8-10 minutit, kuni see muutub ühtlaseks ja elastseks. Kui tainas on liiga kleepuv, võite lisada veidi rohkem jahu.
g) Aseta tainas kergelt õlitatud kaussi, kata puhta riide või kilega ja lase soojas tuuletõmbuseta kohas kerkida umbes 1 tund või kuni see on kahekordistunud.
h) Kuumuta ahi temperatuurini 375 ° F (190 ° C). Asetage küpsetusplaat ahju, kuna see eelsoojeneb.
i) Punni tainas alla ja lisa šokolaaditükid. Sõtku tainast, et šokolaaditükid jaotuks ühtlaselt.
j) Rulli tainas pikaks õhukeseks ciabatta-vormiks. Võid käte abil taigna vormida või jahusel pinnal lahti rullida.
k) Puista kuum küpsetusplaat maisijahu või mannajahuga ja tõsta seejärel ciabatta plaadile.
l) Tee ciabatta peale kaunistuseks terava noa või žiletiteraga paar madalat kaldkriipsu.

m) Küpseta umbes 25-30 minutit või kuni ciabatta on kõva ja põhja koputades kõlab õõnsalt.
n) Enne viilutamist ja serveerimist lase ciabattal restil jahtuda.
o) Nautige oma ainulaadset ja magusat täisteranisu Ciabatta šokolaaditükki! See on veetlev leiva ja šokolaadi kombinatsioon, mis sobib suurepäraselt neile, kellel on magusaisu.

KAFFEINEERITUD CIABATTA

40. Espresso Ciabatta

KOOSTISOSAD:
- 1 partii põhilist ciabatta tainast
- 2 spl peeneks jahvatatud espressot või kanget kohvi
- 1/4 tassi tumeda šokolaadi tükke (valikuline, maitse lisamiseks)

JUHISED:
a) Valmista ciabatta põhitainas oma lemmikretsepti järgi.

b) Pärast esimest kerkimist suruge tainas alla ja sõtke sisse peeneks jahvatatud espressot või kanget kohvi, kuni see on ühtlaselt jaotunud.

c) Soovi korral sõtku sisse tumeda šokolaadi tükid, et maitset saada.

d) Vormi tainast ciabatta päts ja aseta see küpsetuspaberiga kaetud ahjuplaadile.

e) Kata päts puhta köögirätikuga ja lase veel 30-45 minutit kerkida.

f) Kuumuta ahi temperatuurini 400 °F (200 °C).

g) Küpseta 20-25 minutit või kuni päts on kuldpruun ja põhja koputades kõlab õõnsana.

h) Enne viilutamist ja serveerimist lase jahtuda.

41. Matcha roheline tee Ciabatta

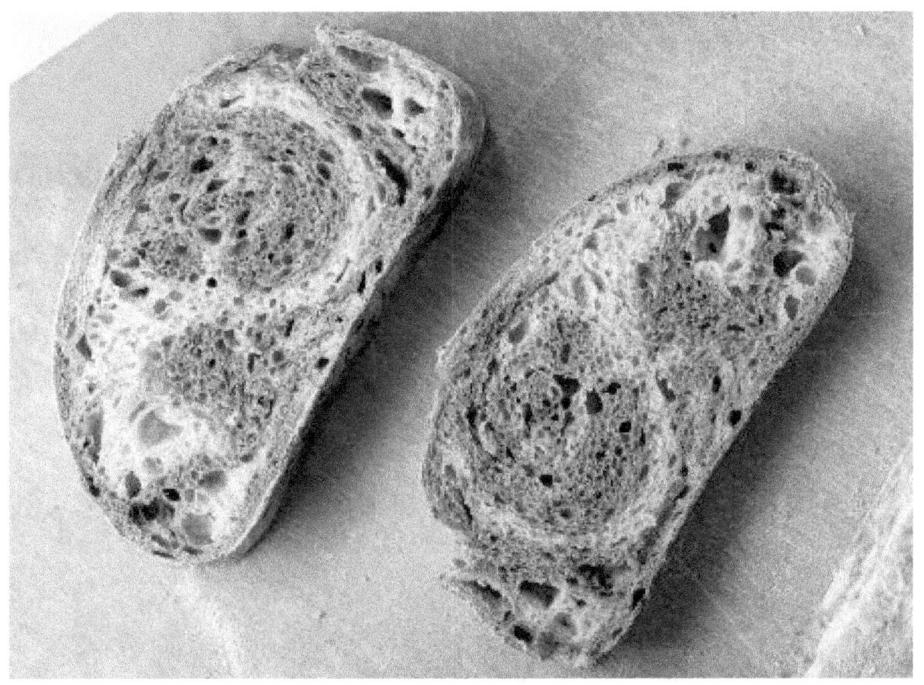

KOOSTISOSAD:
- 1 partii põhilist ciabatta tainast
- 2 spl matcha rohelise tee pulbrit

JUHISED:
a) Valmista ciabatta põhitainas oma lemmikretsepti järgi.
b) Pärast esimest kerkimist suruge tainas alla ja sõtke matcha rohelise tee pulber ühtlaselt jaotumiseni.
c) Vormi tainast ciabatta päts ja aseta see küpsetuspaberiga kaetud ahjuplaadile.
d) Kata päts puhta köögirätikuga ja lase veel 30-45 minutit kerkida.
e) Kuumuta ahi temperatuurini 400 °F (200 °C).
f) Küpseta 20-25 minutit või kuni päts on kuldpruun ja põhja koputades kõlab õõnsana.
g) Enne viilutamist ja serveerimist lase jahtuda.

42.Chai vürtsidega Ciabatta

KOOSTISOSAD:
- 1 partii põhilist ciabatta tainast
- 2 tl chai vürtsisegu (kaneel, kardemon, nelk, ingver, muskaatpähkel)

JUHISED:
a) Valmista ciabatta põhitainas oma lemmikretsepti järgi.
b) Pärast esimest kerkimist suruge tainas alla ja sõtke chai vürtsisegu, kuni see on ühtlaselt jaotunud.
c) Vormi tainast ciabatta päts ja aseta see küpsetuspaberiga kaetud ahjuplaadile.
d) Kata päts puhta köögirätikuga ja lase veel 30-45 minutit kerkida.
e) Kuumuta ahi temperatuurini 400 °F (200 °C).
f) Küpseta 20-25 minutit või kuni päts on kuldpruun ja põhja koputades kõlab õõnsana.
g) Enne viilutamist ja serveerimist lase jahtuda.

43. Mocha Chip Ciabatta

KOOSTISOSAD:
- 1 partii põhilist ciabatta tainast
- 2 spl lahustuvat kohvipulbrit
- 1/2 tassi šokolaaditükke

JUHISED:
a) Valmista ciabatta põhitainas oma lemmikretsepti järgi.
b) Pärast esimest kerkimist suruge tainas alla ja sõtke lahustuvat kohvipulbrit ühtlaselt jaotumiseni.
c) Sõtku hulka šokolaaditükid, kuni need on ühtlaselt jaotunud.
d) Vormi tainast ciabatta päts ja aseta see küpsetuspaberiga kaetud ahjuplaadile.
e) Kata päts puhta köögirätikuga ja lase veel 30-45 minutit kerkida.
f) Kuumuta ahi temperatuurini 400 °F (200 °C).
g) Küpseta 20-25 minutit või kuni päts on kuldpruun ja põhja koputades kõlab õõnsana.
h) Enne viilutamist ja serveerimist lase jahtuda.

VEGGIE CIABATTA

44.Must oliiv Ciabatta

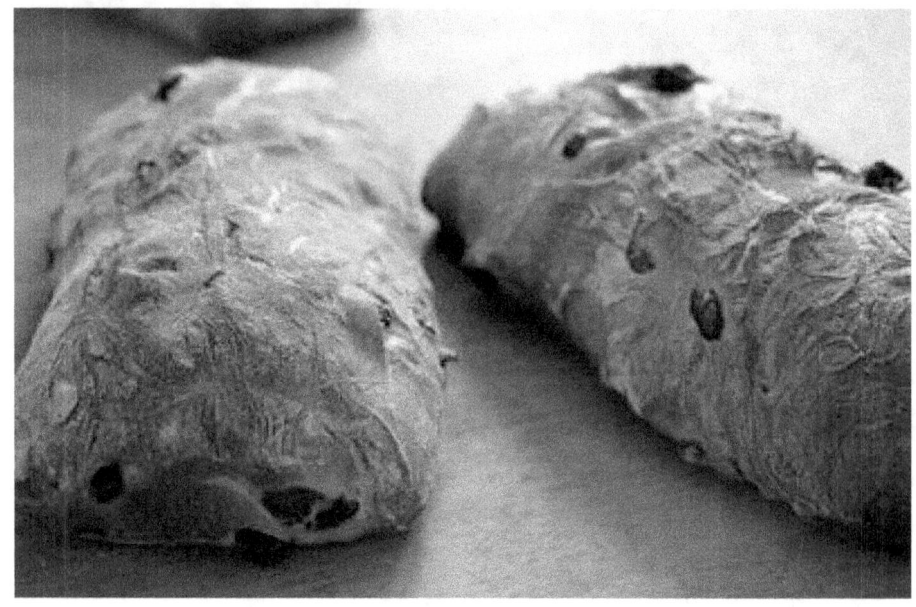

KOOSTISOSAD:
ALGUSEKS (BIGA)
- 1 tl. kiire toimega kuivpärm
- 100 g kanget valget jahu

TAIGNA JAOKS
- 400 g kanget saiajahu, millele lisandub tolmu
- 1 1/4 tl. kiiretoimeline kuivpärm
- 1 spl. ekstra neitsioliiviõli
- 150 g musti kivideta oliive, tükeldatud, kasutasime kalamatat, vt GH Tip

JUHISED:
a) Valmistage eelroog eelmisel õhtul, kui soovite ciabattat küpsetada. Sega pärm ja 80 ml leiget vett eraldi seisva segisti kausis. Jätke 5 minutiks, kuni see muutub vahuks. Sega juurde jahu, et saada pehme tainas. Kata puhta köögirätiku või kilega ja lase soojas kohas puhata vähemalt 4 tundi, ideaalis üleöö.

b) Taigna valmistamiseks lisa kaussi ülejäänud jahu, lisaks pärm, õli ja 300 ml leiget vett. Segage taignakonksuga madalal kiirusel 5 minutit, et saada pehme ja märg tainas. Lisa 1 tl peent soola ja oliivid, sega veel 5 minutit, kuni see on ühtlane ja elastne.

c) Kata puhta köögirätiku või kilega ja lase uuesti kerkida 1 tund või kuni see kahekordistub.

d) Kui kerkinud tainas on valmis, tehke käed märjaks, seejärel võtke kausis olevast taignast üks pool, venitage see üles ja keerake enda peale. Pöörake kaussi 90 kraadi ja korrake veel 7 korda. Kata uuesti ja jäta 45 minutiks puhkama ja kerkima, seejärel korda veel kord 8 venitust ja voltimist, millele järgneb 45 minutit puhkust ja kerkimist.

e) Vooderda suur ahjuplaat küpsetuspaberiga. Puista pärgament rohkelt jahuga üle, et tainas ei kleepuks ja ei oleks raskesti käsitletav. Kallutage tainas õrnalt pärgamendile. Puista taigna ülaosa jahuga.

f) Jagage tainas kolmeks karedaks ristkülikuks, kasutades taignakaabitsat, pikka palettnoa või isegi küpsetusplaadi serva – eraldage pätsid nii hästi kui võimalik. Kata puhta köögirätikuga ja jäta uuesti 30 minutiks kerkima.

g) Kuumuta ahi 220°C-ni (200°C ventilaator) gaasimärk 7. Täida väike küpsetusplaat veega ja aseta ahju alumisele riiulile auru tekitamiseks.

h) Küpseta ciabattat küpsetusplaadil 30 minutit või kuni see on kuldpruun ja kõlab põhja koputamisel õõnsana.

i) Enne serveerimist jahuta täielikult restil.

45.Taimne ciabatta

KOOSTISOSAD:
- 1 kollane squash 6-8 tolli
- 1 suvikõrvits 6-8 tolli
- 1 punane paprika
- 2 viilu Lilla sibul, ¼ tolli paksune
- 2 tl oliiviõli või oliiviõlipihustit (kuni 3)
- 1 värske ciabatta, 12-tolline või pool täissuuruses
- 2 supilusikatäit osaliselt kooritud mozzarellat
- Basiilik, värske või kuivatatud, valikuline

JUHISED:
a) Lõika mõlemad kõrvitsad pikuti, umbes ¼ tolli paksusteks viiludeks. Lõika pipar pooleks ja eemalda seemned. Laota suurele küpsiseplaadile squashi- ja sibulaviilud ning lao paprikad nahaga ülespoole. Pintselda kõik peale paprikate kergelt oliiviõliga või kasuta oliiviõlipihustit ja aseta broileri alla.
b) Jätke köögiviljad seni, kuni paprikad paprikad söestuma hakkavad ja asetage paberkotti või raskesse kilekotti ja sulgege kott paprikate aurutamiseks.
c) Pöörake ülejäänud köögiviljad ümber, pihustage või pintseldage, kui soovite, ja hautage veel umbes 2 minutit, kuni köögiviljad on pehmed, kuid pole tundmatuseni küpsed.
d) Vahepeal lõika ciabatta pooleks ja lõika kumbki pool pikuti viiludeks.
e) Asetage alumisele poolele üks sl juustu. Määri pealmisele poolele teelusikatäis majoneesi ja soovi korral puista peale basiilikut. Kui paprika on 5 minutit aurustunud, eemaldage see kotist ja eemaldage nahk. Lõika pooled veel kord veeranditeks.
f) Laota igale võileivale juustu peale köögivilju.

46.Päikesekuivatatud tomati täistera Ciabatta

KOOSTISOSAD:
- 1 1/2 tassi sooja vett (110 ° F või 45 ° C)
- 2 1/4 teelusikatäit aktiivset kuivpärmi (1 pakk)
- 1 tl suhkrut
- 3 1/2 tassi täistera nisujahu
- 1 1/2 teelusikatäit soola
- 1 spl oliiviõli
- 1/2 tassi päikesekuivatatud tomateid, peeneks hakitud
- 1/4 tassi värskeid basiiliku lehti, hakitud
- Maisi- või mannajahu (tolmutamiseks)

JUHISED:
a) Segage väikeses kausis soe vesi, pärm ja suhkur. Laske sellel seista umbes 5-10 minutit, kuni segu muutub vahuseks.
b) Sega suures segamiskausis täistera nisujahu ja sool. Tee jahusegu keskele süvend.
c) Vala jahus olevasse süvendisse pärmisegu ja oliiviõli.
d) Segage koostisosi, kuni moodustub tainas.
e) Sõtku tainast jahusel pinnal umbes 8-10 minutit, kuni see muutub ühtlaseks ja elastseks. Kui tainas on liiga kleepuv, võite lisada veidi rohkem jahu.
f) Aseta tainas kergelt õlitatud kaussi, kata puhta riide või kilega ja lase soojas tuuletõmbuseta kohas kerkida umbes 1 tund või kuni see on kahekordistunud.
g) Kuumuta ahi temperatuurini 450 °F (230 °C). Asetage küpsetuskivi või ümberpööratud küpsetusplaat ahju, kuna see eelsoojeneb. Kui teil on pitsakivi, sobib see suurepäraselt ciabatta küpsetamiseks.
h) Suruge tainas alla ja jagage see kaheks võrdseks osaks.
i) Rulli iga portsjon pikaks õhukeseks ciabatta kujuliseks. Võid tainast kätega vormida või jahusel pinnal lahti rullida ja seejärel maisijahu- või mannapudrujahuga üle puistatud ahjuplaadile või pitsakoorele.
j) Puista iga ciabatta peale ühtlaselt peeneks hakitud päikesekuivatatud tomatid ja värsked basiilikulehed ning suru need õrnalt tainasse.

k) Kata vormitud ciabattad puhta lapiga ja lase uuesti kerkida umbes 20-30 minutit.
l) Terava noa või habemenuga tehke ciabatta tippudele diagonaalsed kaldkriipsud. See aitab neil klassikalist ciabatta välimust laiendada ja arendada.
m) Tõsta ciabatta ettevaatlikult eelsoojendatud ahju, kas otse küpsetuskivile või kuumale ahjuplaadile. Olge ahju avamisel ettevaatlik; see on kuum!
n) Küpseta umbes 25-30 minutit või kuni ciabatta on kuldpruun ja põhja koputades kõlab õõnsana.
o) Enne viilutamist ja serveerimist lase ciabattal restil jahtuda.
p) Nautige omatehtud päikesekuivatatud tomati ja basiiliku täistera Ciabattat koos päikesekuivatatud tomatite ja värske basiiliku meeldiva maitsega!

47.Oliivid ja ürdid täisteranisu Ciabatta

KOOSTISOSAD:
- 1 1/2 tassi sooja vett (110 ° F või 45 ° C)
- 2 1/4 teelusikatäit aktiivset kuivpärmi (1 pakk)
- 1 tl suhkrut
- 3 1/2 tassi täistera nisujahu
- 1 1/2 teelusikatäit soola
- 1 spl oliiviõli
- 1/2 tassi kivideta rohelisi või musti oliive, tükeldatud
- 2 spl värskeid ürte (nt rosmariin, tüümian või pune), hakitud
- Maisi- või mannajahu (tolmutamiseks)

JUHISED:
a) Segage väikeses kausis soe vesi, pärm ja suhkur. Laske sellel seista umbes 5-10 minutit, kuni segu muutub vahuseks.
b) Sega suures segamiskausis täistera nisujahu ja sool. Tee jahusegu keskele süvend.
c) Vala jahus olevasse süvendisse pärmisegu ja oliiviõli.
d) Segage koostisosi, kuni moodustub tainas.
e) Sõtku tainast jahusel pinnal umbes 8-10 minutit, kuni see muutub ühtlaseks ja elastseks. Kui tainas on liiga kleepuv, võite lisada veidi rohkem jahu.
f) Aseta tainas kergelt õlitatud kaussi, kata puhta riide või kilega ja lase soojas tuuletõmbuseta kohas kerkida umbes 1 tund või kuni see on kahekordistunud.
g) Kuumuta ahi temperatuurini 450 °F (230 °C). Asetage küpsetuskivi või ümberpööratud küpsetusplaat ahju, kuna see eelsoojeneb. Kui teil on pitsakivi, sobib see suurepäraselt ciabatta küpsetamiseks.
h) Suruge tainas alla ja jagage see kaheks võrdseks osaks.
i) Rulli iga portsjon pikaks õhukeseks ciabatta kujuliseks. Võid tainast kätega vormida või jahusel pinnal lahti rullida ja seejärel maisijahu- või mannapudrujahuga üle puistatud ahjuplaadile või pitsakoorele.
j) Puista hakitud oliivid ja värsked ürdid ühtlaselt iga ciabatta peale ning suru need õrnalt tainasse.
k) Kata vormitud ciabattad puhta lapiga ja lase uuesti kerkida umbes 20-30 minutit.

l) Terava noa või habemenuga tehke ciabatta tippudele diagonaalsed kaldkriipsud. See aitab neil klassikalist ciabatta välimust laiendada ja arendada.
m) Tõsta ciabatta ettevaatlikult eelsoojendatud ahju, kas otse küpsetuskivile või kuumale ahjuplaadile. Olge ahju avamisel ettevaatlik; see on kuum!
n) Küpseta umbes 25-30 minutit või kuni ciabatta on kuldpruun ja põhja koputades kõlab õõnsana.
o) Enne viilutamist ja serveerimist lase ciabattal restil jahtuda.
p) Nautige omatehtud oliivide ja ürtide täistera Ciabattat koos oliivide ja värskete ürtide imeliste maitsetega!

48. Jalapeño täistera Ciabatta

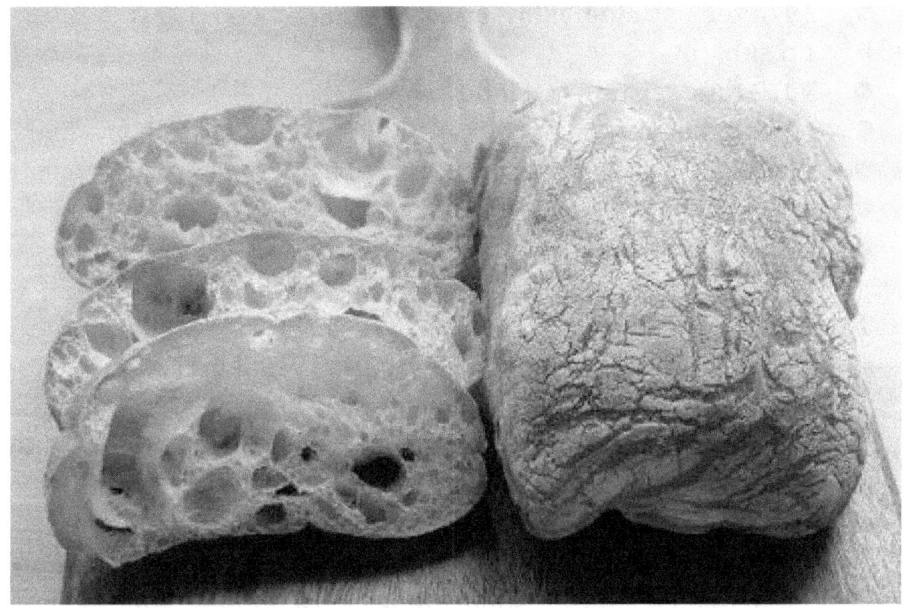

KOOSTISOSAD:
- 1 1/2 tassi sooja vett (110 ° F või 45 ° C)
- 2 1/4 teelusikatäit aktiivset kuivpärmi (1 pakk)
- 1 tl suhkrut
- 3 1/2 tassi täistera nisujahu
- 1 1/2 teelusikatäit soola
- 2 jalapeño paprikat, seemnetest puhastatud ja peeneks hakitud
- 1 spl oliiviõli
- Maisi- või mannajahu (tolmutamiseks)

JUHISED:
a) Segage väikeses kausis soe vesi, pärm ja suhkur. Laske sellel seista umbes 5-10 minutit, kuni segu muutub vahuseks.
b) Sega suures segamiskausis täistera nisujahu ja sool. Tee jahusegu keskele süvend.
c) Vala jahus olevasse süvendisse pärmisegu ja oliiviõli.
d) Segage koostisosi, kuni moodustub tainas.
e) Sõtku tainast jahusel pinnal umbes 8-10 minutit, kuni see muutub ühtlaseks ja elastseks. Kui tainas on liiga kleepuv, võite lisada veidi rohkem jahu.
f) Aseta tainas kergelt õlitatud kaussi, kata puhta riide või kilega ja lase soojas tuuletõmbuseta kohas kerkida umbes 1 tund või kuni see on kahekordistunud.
g) Kuumuta ahi temperatuurini 450 °F (230 °C). Asetage küpsetuskivi või ümberpööratud küpsetusplaat ahju, kuna see eelsoojeneb. Kui teil on pitsakivi, sobib see suurepäraselt ciabatta küpsetamiseks.
h) Suruge tainas alla ja jagage see kaheks võrdseks osaks.
i) Rulli iga portsjon pikaks õhukeseks ciabatta kujuliseks. Võid tainast kätega vormida või jahusel pinnal lahti rullida ja seejärel maisijahu- või mannapudrujahuga üle puistatud ahjuplaadile või pitsakoorele.
j) Puista peeneks hakitud jalapeño paprikad ühtlaselt iga ciabatta peale ja suru need õrnalt tainasse.
k) Kata vormitud ciabattad puhta lapiga ja lase uuesti kerkida umbes 20-30 minutit.

l) Terava noa või habemenuga tehke ciabatta tippudele diagonaalsed kaldkriipsud. See aitab neil klassikalist ciabatta välimust laiendada ja arendada.
m) Tõsta ciabatta ettevaatlikult eelsoojendatud ahju, kas otse küpsetuskivile või kuumale ahjuplaadile. Olge ahju avamisel ettevaatlik; see on kuum!
n) Küpseta umbes 25-30 minutit või kuni ciabatta on kuldpruun ja põhja koputades kõlab õõnsana.
o) Enne viilutamist ja serveerimist lase ciabattal restil jahtuda.
p) Nautige omatehtud Jalapeño täisteranisu Ciabattat vürtsika maitsega!

49.Cheddari ja murulauk täistera Ciabatta

KOOSTISOSAD:
- 1 1/2 tassi sooja vett (110 ° F või 45 ° C)
- 2 1/4 teelusikatäit aktiivset kuivpärmi (1 pakk)
- 1 tl suhkrut
- 3 1/2 tassi täistera nisujahu
- 1 1/2 teelusikatäit soola
- 1 spl oliiviõli
- 1 tass teravat cheddari juustu, riivitud
- 1/4 tassi värsket murulauku, hakitud
- Maisi- või mannajahu (tolmutamiseks)

JUHISED:
a) Segage väikeses kausis soe vesi, pärm ja suhkur. Laske sellel seista umbes 5-10 minutit, kuni segu muutub vahuseks.
b) Sega suures segamiskausis täistera nisujahu ja sool. Tee jahusegu keskele süvend.
c) Vala jahus olevasse süvendisse pärmisegu ja oliiviõli.
d) Segage koostisosi, kuni moodustub tainas.
e) Sõtku tainast jahusel pinnal umbes 8-10 minutit, kuni see muutub ühtlaseks ja elastseks. Kui tainas on liiga kleepuv, võite lisada veidi rohkem jahu.
f) Aseta tainas kergelt õlitatud kaussi, kata puhta riide või kilega ja lase soojas tuuletõmbuseta kohas kerkida umbes 1 tund või kuni see on kahekordistunud.
g) Kuumuta ahi temperatuurini 450 °F (230 °C). Asetage küpsetuskivi või ümberpööratud küpsetusplaat ahju, kuna see eelsoojeneb. Kui teil on pitsakivi, sobib see suurepäraselt ciabatta küpsetamiseks.
h) Suruge tainas alla ja jagage see kaheks võrdseks osaks.
i) Rulli iga portsjon pikaks õhukeseks ciabatta kujuliseks. Võid tainast kätega vormida või jahusel pinnal lahti rullida ja seejärel maisijahu- või mannapudrujahuga üle puistatud ahjuplaadile või pitsakoorele.
j) Puista riivitud Cheddari juust ja hakitud murulauk ühtlaselt iga ciabatta peale ning suru need õrnalt tainasse.
k) Kata vormitud ciabattad puhta lapiga ja lase uuesti kerkida umbes 20-30 minutit.

l) Terava noa või habemenuga tehke ciabatta tippudele diagonaalsed kaldkriipsud. See aitab neil klassikalist ciabatta välimust laiendada ja arendada.
m) Tõsta ciabatta ettevaatlikult eelsoojendatud ahju, kas otse küpsetuskivile või kuumale ahjuplaadile. Olge ahju avamisel ettevaatlik; see on kuum!
n) Küpseta umbes 25-30 minutit või kuni ciabatta on kuldpruun ja põhja koputades kõlab õõnsana.
o) Enne viilutamist ja serveerimist lase ciabattal restil jahtuda.
p) Nautige omatehtud Cheddari ja murulauku täistera Ciabattat koos cheddari juustu ja värske murulaukuga!

50.Pesto ja Mozzarella täistera Ciabatta

KOOSTISOSAD:
- 1 1/2 tassi sooja vett (110 ° F või 45 ° C)
- 2 1/4 teelusikatäit aktiivset kuivpärmi (1 pakk)
- 1 tl suhkrut
- 3 1/2 tassi täistera nisujahu
- 1 1/2 teelusikatäit soola
- 1/4 tassi pesto kastet
- 1 tass mozzarella juustu, tükeldatud
- Maisi- või mannajahu (tolmutamiseks)

JUHISED:
a) Segage väikeses kausis soe vesi, pärm ja suhkur. Laske sellel seista umbes 5-10 minutit, kuni segu muutub vahuseks.
b) Sega suures segamiskausis täistera nisujahu ja sool. Tee jahusegu keskele süvend.
c) Vala pärmisegu jahus olevasse süvendisse.
d) Segage koostisosi, kuni moodustub tainas.
e) Sõtku tainast jahusel pinnal umbes 8-10 minutit, kuni see muutub ühtlaseks ja elastseks. Kui tainas on liiga kleepuv, võite lisada veidi rohkem jahu.
f) Aseta tainas kergelt õlitatud kaussi, kata puhta riide või kilega ja lase soojas tuuletõmbuseta kohas kerkida umbes 1 tund või kuni see on kahekordistunud.
g) Kuumuta ahi temperatuurini 450 °F (230 °C). Asetage küpsetuskivi või ümberpööratud küpsetusplaat ahju, kuna see eelsoojeneb. Kui teil on pitsakivi, sobib see suurepäraselt ciabatta küpsetamiseks.
h) Suruge tainas alla ja jagage see kaheks võrdseks osaks.
i) Rulli iga portsjon pikaks õhukeseks ciabatta kujuliseks. Võid tainast kätega vormida või jahusel pinnal lahti rullida ja seejärel maisijahu- või mannapudrujahuga üle puistatud ahjuplaadile või pitsakoorele.
j) Määri pestokaste ühtlaselt iga ciabatta peale.
k) Puista pesto peale riivitud mozzarella juust.
l) Kata vormitud ciabattad puhta lapiga ja lase uuesti kerkida umbes 20-30 minutit.

m) Terava noa või habemenuga tehke ciabatta tippudele diagonaalsed kaldkriipsud. See aitab neil klassikalist ciabatta välimust laiendada ja arendada.
n) Tõsta ciabatta ettevaatlikult eelsoojendatud ahju, kas otse küpsetuskivile või kuumale ahjuplaadile. Olge ahju avamisel ettevaatlik; see on kuum!
o) Küpseta umbes 25-30 minutit või kuni ciabatta on kuldpruun ja põhja koputades kõlab õõnsana.
p) Enne viilutamist ja serveerimist lase ciabattal restil jahtuda.
q) Nautige omatehtud pesto ja mozzarella täistera ciabattat koos pesto ja kleepuva mozzarella juustu imeliste maitsetega!

CIABATTA VÕILEIVAD

51.Caprese Ciabatta võileib

KOOSTISOSAD:
- 1 ciabatta päts, pikuti pooleks lõigatud
- 2 suurt tomatit, viilutatud
- 1 pall viilutatud mozzarella juustu
- Värsked basiiliku lehed
- Balsamico glasuur
- Oliiviõli
- Sool ja pipar maitse järgi

JUHISED:
a) Pintselda ciabatta pätsi iga poole sisemus oliiviõliga.
b) Laota viilutatud tomatid, mozzarella juust ja värsked basiilikulehed ciabatta pätsi alumisele poolele.
c) Nirista täidisele balsamicoglasuuri ning maitsesta soola ja pipraga.
d) Aseta ciabatta pätsi ülemine pool täidise peale, et tekiks võileib.
e) Lõika võileib üksikuteks portsjoniteks ja serveeri.

52.Grillitud kana Pesto Ciabatta võileib

KOOSTISOSAD:
- 1 ciabatta päts, pikuti pooleks lõigatud
- 2 grillitud kanarinda, viilutatud
- 4 spl pestokastet
- 1 tass beebispinati lehti
- 1 tomat, viilutatud
- 4 viilu provolone juustu

JUHISED:
a) Määri ciabatta pätsi alumisele poolele pestokaste.
b) Laota pesto peale kihiti grillkana viilud, beebispinatilehed, tomativiilud ja provolone juust.
c) Aseta ciabatta pätsi ülemine pool täidise peale, et tekiks võileib.
d) Grilli võileiba paninipressil või grillpannil, kuni juust on sulanud ja leib krõbe.
e) Lõika võileib üksikuteks portsjoniteks ja serveeri kuumalt.

53.Itaalia Ciabatta võileib

KOOSTISOSAD:
- 1 ciabatta päts, pikuti pooleks lõigatud
- 4 viilu prosciutto
- 4 viilu salaamit
- 4 viilu mortadella
- 4 viilu provolone juustu
- 1/2 tassi röstitud punast paprikat, viilutatud
- 1/4 tassi viilutatud musti oliive
- 1/4 tassi viilutatud pepperoncini
- Oliiviõli
- Sool ja pipar maitse järgi

JUHISED:
a) Pintselda ciabatta pätsi iga poole sisemus oliiviõliga.
b) Laota prosciutto, salaami, mortadella, provolone juust, röstitud punane paprika, mustad oliivid ja pepperoncini ciabatta pätsi alumisele poolele.
c) Maitsesta soola ja pipraga.
d) Aseta ciabatta pätsi ülemine pool täidise peale, et tekiks võileib.
e) Lõika võileib üksikuteks portsjoniteks ja serveeri.

54.Vahemere köögivili Ciabatta võileib

KOOSTISOSAD:
- 1 ciabatta päts, pikuti pooleks lõigatud
- 1/2 tassi hummust
- 1 tass segatud rohelisi
- 1/2 tassi viilutatud kurki
- 1/2 tassi viilutatud tomatit
- 1/4 tassi viilutatud punast sibulat
- 1/4 tassi murendatud fetajuustu
- Kalamata oliivid, kaunistuseks
- Oliiviõli
- Sool ja pipar maitse järgi

JUHISED:
a) Määri hummusega ciabatta pätsi alumine pool.
b) Laota hummuse peale segatud rohelised, viilutatud kurk, viilutatud tomat, viilutatud punane sibul ja murendatud fetajuust.
c) Nirista täidisele oliiviõli ning maitsesta soola ja pipraga.
d) Aseta ciabatta pätsi ülemine pool täidise peale, et tekiks võileib.
e) Lõika võileib üksikuteks portsjoniteks ja kaunista enne serveerimist Kalamata oliividega.

55.Türgi jõhvika Ciabatta võileib

KOOSTISOSAD:
- 1 ciabatta päts, pikuti pooleks lõigatud
- Viilutatud kalkunirind
- Jõhvikakaste
- Beebi spinati lehed
- Viilutatud brie juust
- Dijoni sinep

JUHISED:
a) Määri ciabatta pätsi alumisele poolele Dijoni sinepit.
b) Laota sinepi peale viilutatud kalkuni rinnatükk, jõhvikakaste, beebispinati lehed ja viilutatud brie juust.
c) Aseta ciabatta pätsi ülemine pool täidise peale, et tekiks võileib.
d) Lõika võileib üksikuteks portsjoniteks ja serveeri.

56.Baklažaani Parmesani Ciabatta võileib

KOOSTISOSAD:
- 1 ciabatta päts, pikuti pooleks lõigatud
- Paneeritud ja praetud baklažaaniviilud
- Marinara kaste
- Viilutatud mozzarella juust
- Värsked basiiliku lehed

JUHISED:
a) Määri ciabatta pätsi alumisele poolele marinara kastet.
b) Laota kastme peale paneeritud ja praetud baklažaaniviilud, viilutatud mozzarella juust ja värsked basiilikulehed.
c) Aseta ciabatta pätsi ülemine pool täidise peale, et tekiks võileib.
d) Lõika võileib üksikuteks portsjoniteks ja serveeri.

57. Rostbiifi ja mädarõika Ciabatta võileib

KOOSTISOSAD:
- 1 ciabatta päts, pikuti pooleks lõigatud
- Õhukeseks viilutatud rostbiiha
- Mädarõikakaste
- Rukola
- Viilutatud punane sibul
- Šveitsi juustu viilud

JUHISED:
a) Määri mädarõikakaste ciabatta pätsi alumisele poolele.
b) Laota kastme peale õhukeselt viilutatud rostbiifi, rukola, viilutatud punane sibul ja Šveitsi juustu viilud.
c) Aseta ciabatta pätsi ülemine pool täidise peale, et tekiks võileib.
d) Lõika võileib üksikuteks portsjoniteks ja serveeri.

58.Tuunikalasalat Ciabatta võileib

KOOSTISOSAD:
- 1 ciabatta päts, pikuti pooleks lõigatud
- Tuunikalasalat (valmistatud tuunikalakonservi, majoneesi, kuubikuteks lõigatud selleri, tükeldatud punase sibula, soola ja pipraga)
- Tükeldatud tomat
- Salati lehed
- Viilutatud avokaado

JUHISED:
a) Määri ciabatta pätsi alumisele poolele tuunikalasalatit.
b) Laota viilutatud tomat, salatilehed ja viilutatud avokaado tuunikalasalati peale.
c) Aseta ciabatta pätsi ülemine pool täidise peale, et tekiks võileib.
d) Lõika võileib üksikuteks portsjoniteks ja serveeri.

59. Mozzarella Pesto Veggie Ciabatta võileib

KOOSTISOSAD:
- 1 ciabatta päts, pikuti pooleks lõigatud
- Pesto kaste
- Viilutatud värske mozzarella juust
- Grillitud või röstitud köögiviljad (nt suvikõrvits, paprika ja baklažaan)
- Värsked spinati lehed

JUHISED:
a) Määri ciabatta pätsi alumisele poolele pestokaste.
b) Laota pesto peale kihiti viilutatud värske mozzarella juust, grillitud või röstitud köögiviljad ja värsked spinatilehed.
c) Aseta ciabatta pätsi ülemine pool täidise peale, et tekiks võileib.
d) Lõika võileib üksikuteks portsjoniteks ja serveeri.

60.Suitsulõhe ja toorjuustuvõileib

KOOSTISOSAD:
- 1 ciabatta päts, pikuti pooleks lõigatud
- Suitsulõhe viilud
- Toorjuust
- Peeneks viilutatud punane sibul
- Kapparid
- Värsket tilli

JUHISED:
a) Määri ciabatta pätsi alumisele poolele toorjuustuga.
b) Laota toorjuustu peale suitsulõhe viilud, õhukeselt viilutatud punane sibul, kapparid ja värske till.
c) Aseta ciabatta pätsi ülemine pool täidise peale, et tekiks võileib.
d) Lõika võileib üksikuteks portsjoniteks ja serveeri.

61.BBQ Pulled Pork Ciabatta võileib

KOOSTISOSAD:
- 1 ciabatta päts, pikuti pooleks lõigatud
- BBQ pulled sealiha
- Coleslaw
- Hapukurk

JUHISED:
a) Soojendage BBQ pulled sealiha.
b) Lao ciabatta pätsi alumisele poolele kihiti soojendatud BBQ pulled sealiha ja kapsasalat.
c) Lisa kapsasalati peale hapukurk.
d) Aseta ciabatta pätsi ülemine pool täidise peale, et tekiks võileib.
e) Lõika võileib üksikuteks portsjoniteks ja serveeri.

62.Kreeka kana Ciabatta võileib

KOOSTISOSAD:
- 1 ciabatta päts, pikuti pooleks lõigatud
- Grillitud kanarind, viilutatud
- Tzatziki kaste
- Tükeldatud kurk
- Tükeldatud tomat
- Punase sibula viilud
- Kalamata oliivid
- Purustatud fetajuust

JUHISED:
a) Määri ciabatta pätsi alumisele poolele tzatziki kaste.

b) Laota tzatziki kastme peale kihiti tükeldatud grillkanarind, viilutatud kurk, viilutatud tomat, punase sibula viilud, Kalamata oliivid ja murendatud fetajuust.

c) Aseta ciabatta pätsi ülemine pool täidise peale, et tekiks võileib.

d) Lõika võileib üksikuteks portsjoniteks ja serveeri.

63.Praad ja karamelliseeritud sibulavõileib

KOOSTISOSAD:
- 1 ciabatta päts, pikuti pooleks lõigatud
- Viilutatud praad (nt ribeye või välisfilee), küpsetatud vastavalt teie eelistustele
- Karamelliseeritud sibul
- Viilutatud provolone juust
- Rukola
- Mädarõika aioli (majonees segatud ettevalmistatud mädarõikaga)

JUHISED:
a) Määri mädarõika aioli ciabatta pätsi alumisele poolele.
b) Laota aioli peale viilutatud praad, karamelliseeritud sibul, viilutatud provolone juust ja rukola.
c) Aseta ciabatta pätsi ülemine pool täidise peale, et tekiks võileib.
d) Lõika võileib üksikuteks portsjoniteks ja serveeri.

64. Avokaado kana Caesar Ciabatta võileib

KOOSTISOSAD:
- 1 ciabatta päts, pikuti pooleks lõigatud
- Grillitud kanarind, viilutatud
- Rooma salati lehed
- Caesari kaste
- Viilutatud avokaado
- Raseeritud parmesani juust

JUHISED:

a) Määri Caesari kaste ciabatta pätsi alumisele poolele.

b) Laota kastme peale kihiti grillitud kanarind, rooma salatilehed, viilutatud avokaado ja hakitud parmesani juust.

c) Aseta ciabatta pätsi ülemine pool täidise peale, et tekiks võileib.

d) Lõika võileib üksikuteks portsjoniteks ja serveeri.

65.Buffalo kana Ciabatta võileib

KOOSTISOSAD:
- 1 ciabatta päts, pikuti pooleks lõigatud
- Tükeldatud pühvlikina (keedetud kana pühvlikastmes)
- Sinihallitusjuustu kaste
- Viilutatud seller
- Viilutatud punane sibul
- Salati lehed

JUHISED:
a) Määri ciabatta pätsi alumisele poolele sinihallitusjuustukastme.
b) Laota kastme peale kihiti tükeldatud pühvlikana, viilutatud seller, viilutatud punane sibul ja salatilehed.
c) Aseta ciabatta pätsi ülemine pool täidise peale, et tekiks võileib.
d) Lõika võileib üksikuteks portsjoniteks ja serveeri.

66. Muffuletta Ciabatta võileib

KOOSTISOSAD:
- 1 ciabatta päts, pikuti pooleks lõigatud
- Viilutatud sink
- Viilutatud salaami
- Viilutatud mortadella
- Viilutatud provolone juust
- Muffuletta oliivisalat

JUHISED:
a) Laota ciabatta pätsi alumisele poolele viilutatud sink, salaami, mortadella ja provolone juust.
b) Määri juustu peale muffuletta oliivisalat.
c) Aseta ciabatta pätsi ülemine pool täidise peale, et tekiks võileib.
d) Lõika võileib üksikuteks portsjoniteks ja serveeri.

67.Glasuuritud Portobello seenevõileib

KOOSTISOSAD:
- 1 ciabatta päts, pikuti pooleks lõigatud
- Portobello seened, varred eemaldatud
- Balsamico glasuur
- Oliiviõli
- Küüslauguküüned, hakitud
- Beebi spinati lehed
- Viilutatud punane paprika
- Viilutatud provolone juust

JUHISED:
a) Kuumuta ahi temperatuurini 400 °F (200 °C).
b) Pintselda portobello seened oliiviõli ja hakitud küüslauguga. Rösti neid 15-20 minutit, kuni need on pehmed.
c) Nirista seentele balsamicoglasuuri.
d) Laota röstitud seened, beebispinati lehed, viilutatud punane paprika ja provolone juust ciabatta pätsi alumisele poolele.
e) Aseta ciabatta pätsi ülemine pool täidise peale, et tekiks võileib.
f) Lõika võileib üksikuteks portsjoniteks ja serveeri.

68.Tofu Banh Mi Ciabatta võileib

KOOSTISOSAD:
- 1 ciabatta päts, pikuti pooleks lõigatud
- Küpsetatud või praetud tofu viilud
- Marineeritud porgand ja daikon redis
- Tükeldatud kurk
- Viilutatud jalapeñod
- Värsked koriandri lehed
- Vegan majonees
- Sriracha kaste

JUHISED:

a) Määri ciabatta pätsi alumisele poolele vegan majonees ja sriracha kaste.

b) Laota kastme peale kihiti küpsetatud või praetud tofuviilud, marineeritud porgandid ja daikon-rõigas, viilutatud kurk, viilutatud jalapeñod ja värsked koriandrilehed.

c) Aseta ciabatta pätsi ülemine pool täidise peale, et tekiks võileib.

d) Lõika võileib üksikuteks portsjoniteks ja serveeri.

69.Itaalia vorsti ja paprika Ciabatta võileib

KOOSTISOSAD:
- 1 ciabatta päts, pikuti pooleks lõigatud
- Itaalia vorstilinkid, keedetud ja viilutatud
- Praetud paprika ja sibul
- Marinara kaste
- Viilutatud provolone juust

JUHISED:
a) Määri ciabatta pätsi alumisele poolele marinara kastet.
b) Laota kastme peale kihiti Itaalia keedetud vorstiviilud, hautatud paprika ja sibul ning viilutatud provolone juust.
c) Aseta ciabatta pätsi ülemine pool täidise peale, et tekiks võileib.
d) Lõika võileib üksikuteks portsjoniteks ja serveeri.

70.Ciabatta praadvõileib

KOOSTISOSAD:
- 1 (2 naela) Londoni broil
- 1 spl oliiviõli
- 1 spl steikimaitseainet
- 2 spl pestot
- 1/4 tassi majoneesi
- 4 ciabatta rulli, 1/2 pikuti viilutatud
- 3 ploomtomatit, viilutatud

JUHISED:
a) Kuumuta grill keskmisele kuumusele.
b) Pintselda Londoni broil oliiviõliga ja maitsesta steikimaitseainega. Aseta grillile. Grilli 3–5 minutit mõlemalt poolt, olenevalt paksusest ja eelistustest. Kui olete valmis, laske 5 minutit puhata, seejärel lõigake kallutatult.
c) Sega väikeses kausis pesto ja majonees.
d) Määri iga ciabatta alumisele poolele majoneesisegu.
e) Tõsta peale tomativiilud ja liha. Kata ülemiste pooltega ja serveeri.

71.Ciabatta Prosciutto Võileib

KOOSTISOSAD:
- 4 pätsi ciabatta leiba, väike
- 2 spl oliiviõli
- ¾ naela prosciutto, jagatud
- 1 tass tomateid, viilutatud, jagatud
- 1 tass rukolat, pestud ja kuivatatud, jagatud
- 1 tass majoneesi, jagatud

JUHISED:
a) Alustuseks lõigake iga ciabatta pooleks, nii et teil oleks ülemine ja alumine tükk.
b) Pintselda iga ciabatta tükk seest kergelt oliiviõliga.
c) Laota viilud ahjuplaadile ja küpseta neid ahjus 7 minutit. Seda saab teha ka nii, et röstida leiva õliga pintslitud külge pannil keskmisel kuumusel 2 minutit või kuni see on kergelt pruunikas.
d) Aseta igale alumisele ciabatta tükile kiht rukolat, tomativiile ja seejärel prosciuttot.
e) Soovi korral kata peale majoneesi või sinepimäärdega.
f) Asetage teine pool ciabatta leivast prosciutto peale, et võileib oleks valmis.
g) Korrake protsessi, kuni kõik 4 pätsi on kõigi koostisosadega täidetud.
h) Serveeri ja naudi!

TÄIDIS CIABATTA

72.Caprese täidisega Ciabatta

KOOSTISOSAD:
- 1 ciabatta
- 8 untsi värsket mozzarellat, viilutatud
- 1 tass kirsstomateid, poolitatud
- Värsked basiiliku lehed
- Balsamico glasuur

JUHISED:
a) Lõika ciabatta pikuti pooleks.
b) Õõnestage ciabatta seest, et tekiks täidise jaoks ruumi.
c) Laota ciabatta sisse kihiti värske mozzarella, kirsstomatid ja basiilikulehed.
d) Nirista peale balsamico glasuur.
e) Aseta peale teine pool ciabattast ja vajuta õrnalt.
f) Viiluta ja serveeri.

73.Spinati ja artišoki täidisega Ciabatta

KOOSTISOSAD:
- 1 ciabatta
- 1 (10 untsi) pakend külmutatud spinatit, sulatatud ja kuivaks pressitud
- 1 (14 untsi) purk artišokisüdameid, nõrutatud ja tükeldatud
- 1 tass majoneesi
- 1 tass riivitud parmesani juustu
- 1 tass riivitud mozzarella juustu
- 2 küüslauguküünt, hakitud

JUHISED:
a) Kuumuta ahi temperatuurini 350 °F (175 °C).
b) Lõika ciabatta pikuti pooleks ja õõnesta seest.
c) Sega kausis kokku spinat, hakitud artišokisüdamed, majonees, parmesani juust, mozzarella juust ja hakitud küüslauk.
d) Täida segu õõnestatud ciabattasse.
e) Mähi täidetud ciabatta alumiiniumfooliumi ja küpseta umbes 25-30 minutit või kuni täidis on kuum ja mullitav.
f) Pakkige lahti, viilutage ja serveerige.

74.Vahemere täidisega Ciabatta

KOOSTISOSAD:
- 1 ciabatta
- Hummus
- Röstitud punane paprika, viilutatud
- Oliivid (Kalamata või mustad), viilutatud
- Feta juust, murendatud
- Värske rukola

JUHISED:
a) Lõika ciabatta pikuti pooleks.
b) Määri mõlemale poolele rikkalik kiht hummust.
c) Aseta ciabatta ühele küljele röstitud punased paprikad, oliivid ja murendatud fetajuust.
d) Kõige peale tõsta värske rukola.
e) Aseta peale teine pool ciabattast ja vajuta õrnalt.
f) Viiluta ja serveeri.

75. Kolme juustu Ciabatta leib

KOOSTISOSAD:
- 1 ciabatta päts
- 1 tass riivitud mozzarella juustu
- 1/2 tassi riivitud parmesani juustu
- 1/2 tassi murendatud fetajuustu
- 2 küüslauguküünt, hakitud
- 1/4 tassi hakitud värsket peterselli
- 1/4 tassi oliiviõli

JUHISED:
a) Kuumuta ahi temperatuurini 375 ° F (190 ° C).
b) Lõika ciabatta päts pikuti pooleks ja aseta mõlemad pooled ahjuplaadile.
c) Sega väikeses kausis kokku hakitud küüslauk, hakitud petersell ja oliiviõli.
d) Pintselda küüslaugu ja peterselli seguga ühtlaselt mõlemale ciabatta pätsi poolele.
e) Puista riivitud mozzarella, riivitud parmesan ja murendatud fetajuust ühtlaselt leiva peale.
f) Küpseta eelsoojendatud ahjus 10-15 minutit või kuni juust on sulanud ja mullitav ning leib on kuldpruun.
g) Võta ahjust välja, lõika viiludeks ja serveeri soojalt.

76. Itaalia lihapallide täidisega Ciabatta

KOOSTISOSAD:
- 1 ciabatta
- Mini lihapallid (eelküpsetatud)
- Marinara kaste
- Mozzarella juust, riivitud

JUHISED:
a) Lõika ciabatta pikuti pooleks.
b) Kuumuta potis minilihapallid ja marinara kaste.
c) Tõsta lihapallid ja kaste lusikaga ciabatta hulka.
d) Puista peale riivitud mozzarella juust.
e) Aseta peale teine pool ciabattast ja vajuta õrnalt.
f) Viiluta ja serveeri.

77.Cajuni krevettide täidisega Ciabatta

KOOSTISOSAD:
- 1 ciabatta
- 1 nael suurt krevetti, kooritud ja tükeldatuna
- 2 spl Cajuni maitseainet
- 2 spl võid
- 1/2 tassi majoneesi
- 2 küüslauguküünt, hakitud
- 1 spl sidrunimahla
- Viilutatud salat
- Viilutatud tomatid

JUHISED:
a) Lõika ciabatta pikuti pooleks.
b) Viska krevetid peale Cajuni maitseainega.
c) Sulata pannil või ja prae krevette kuni küpsemiseni, umbes 2-3 minutit mõlemalt poolt.
d) Sega väikeses kausis majonees, hakitud küüslauk ja sidrunimahl.
e) Määri küüslaugumajoneesi ciabatta siseküljele.
f) Laota keedetud krevetid kihina ciabatta alumisele poolele.
g) Kõige peale tõsta viilutatud salat ja tomatid.
h) Aseta peale teine pool ciabattast ja vajuta õrnalt.
i) Viiluta ja serveeri.

78.Spinati ja artišoki juustuga Ciabatta leib

KOOSTISOSAD:
- 1 ciabatta päts
- 1 tass riivitud mozzarella juustu
- 1/2 tassi hakitud parmesani juustu
- 1/2 tassi hakitud keedetud spinatit (hästi nõrutatud)
- 1/2 tassi hakitud marineeritud artišokisüdameid (hästi nõrutatud)
- 2 küüslauguküünt, hakitud
- 1/4 tassi majoneesi

JUHISED:
a) Kuumuta ahi temperatuurini 375 ° F (190 ° C).
b) Lõika ciabatta päts pikuti pooleks ja aseta mõlemad pooled ahjuplaadile.
c) Sega väikeses kausis kokku hakitud küüslauk ja majonees.
d) Määri küüslaugumajonees ühtlaselt mõlemale ciabatta pätsi poolele.
e) Puista riivitud mozzarella ja riivitud parmesani juust ühtlaselt leiva peale.
f) Laota hakitud spinat ja hakitud artišokisüdamed ühtlaselt juustule.
g) Küpseta eelsoojendatud ahjus 10-15 minutit või kuni juust on sulanud ja mullitav ning leib on kuldpruun.
h) Võta ahjust välja, lõika viiludeks ja serveeri soojalt.

79.BBQ Pulled Pork Täidisega Ciabatta

KOOSTISOSAD:
- 1 ciabatta
- 2 tassi pulled sealiha
- 1 tass kapsasalatit
- BBQ kaste

JUHISED:
a) Lõika ciabatta pikuti pooleks.
b) Soojenda tõmmatud sealiha.
c) Täida ciabatta sooja sealihaga.
d) Kõige peale pane kapsasalatit.
e) Nirista BBQ-kastmega.
f) Aseta peale teine pool ciabattast ja vajuta õrnalt.
g) Viiluta ja serveeri.

80.Kana Caesar täidisega Ciabatta

KOOSTISOSAD:
- 1 ciabatta
- Grillitud kanarind, viilutatud
- Rooma salat, tükeldatud
- Caesari kaste
- Riivitud Parmesani juust

JUHISED:
a) Lõika ciabatta pikuti pooleks.
b) Määri ciabatta mõlemale poolele Caesari kaste.
c) Lao alumisele poolele kihiti tükeldatud grillkana.
d) Kõige peale tõsta hakitud rooma salat ja riivitud parmesani juust.
e) Aseta peale teine pool ciabattast ja vajuta õrnalt.
f) Viiluta ja serveeri.

81.Juustune küüslauguürt Ciabatta leib

KOOSTISOSAD:
- 1 ciabatta päts
- 1/2 tassi riivitud mozzarella juustu
- 1/2 tassi hakitud Cheddari juustu
- 1/4 tassi riivitud parmesani juustu
- 3 küüslauguküünt, hakitud
- 2 spl hakitud värsket peterselli
- 1/4 tassi soolata võid, sulatatud

JUHISED:
a) Kuumuta ahi temperatuurini 375 ° F (190 ° C).
b) Lõika ciabatta päts pikuti pooleks ja aseta mõlemad pooled ahjuplaadile.
c) Sega väikeses kausis kokku hakitud küüslauk, hakitud petersell ja sulatatud või.
d) Pintselda küüslaugu- ja petersellivõiga ühtlaselt mõlemale ciabatta pätsi poolele.
e) Puista saia peale ühtlaselt tükeldatud mozzarella, riivitud cheddar ja riivitud Parmesani juust.
f) Küpseta eelsoojendatud ahjus 10-15 minutit või kuni juust on sulanud ja mullitav ning leib on kuldpruun.
g) Võta ahjust välja, lõika viiludeks ja serveeri soojalt.

82.Taco täidisega Ciabatta

KOOSTISOSAD:
- 1 ciabatta
- Jahvatatud veise- või kalkuniliha, keedetud ja maitsestatud taco maitseainega
- Salsa
- Guacamole
- Hapukoor
- Rebitud salat
- Tükeldatud tomatid

JUHISED:
a) Lõika ciabatta pikuti pooleks.
b) Täida keedetud ja maitsestatud veise- või kalkunihakklihaga.
c) Kõige peale lisa salsa, guacamole, hapukoor, rebitud salat ja tükeldatud tomatid.
d) Aseta peale teine pool ciabattast ja vajuta õrnalt.
e) Viiluta ja serveeri.

83.Rostbiifi ja mädarõikaga täidetud Ciabatta

KOOSTISOSAD:
- 1 ciabatta
- Tükeldatud rostbiiha
- Mädarõikakaste
- Šveitsi juust, viilutatud
- Punane sibul, õhukeselt viilutatud
- Rukola

JUHISED:
a) Lõika ciabatta pikuti pooleks.
b) Määri mädarõikakaste ciabatta mõlemale poolele.
c) Laota alumisele poolele viilutatud rostbiifi, Šveitsi juust, punane sibul ja rukola.
d) Aseta peale teine pool ciabattast ja vajuta õrnalt.
e) Viiluta ja serveeri.

84.Buffalo kana täidisega Ciabatta

KOOSTISOSAD:
- 1 ciabatta
- Keedetud ja tükeldatud kana (maitsestatud pühvlikastmega)
- Sinihallitusjuustu kaste
- Viilutatud seller
- Viilutatud roheline sibul

JUHISED:
a) Lõika ciabatta pikuti pooleks.
b) Viska keedetud ja tükeldatud kana pühvlikastmesse.
c) Määri ciabatta mõlemale poolele sinihallitusjuustukastmega.
d) Laota pühvlikana kihina alumisele poolele.
e) Kõige peale tõsta viilutatud seller ja roheline sibul.
f) Aseta peale teine pool ciabattast ja vajuta õrnalt.
g) Viiluta ja serveeri.

85.Pesto-kana täidisega Ciabatta

KOOSTISOSAD:
- 1 ciabatta
- Grillitud kanarind, viilutatud
- Pesto kaste
- Viilutatud röstitud punane paprika
- Mozzarella juust, riivitud

JUHISED:
a) Lõika ciabatta pikuti pooleks.
b) Määri ciabatta mõlemale poolele pestokaste.
c) Lao alumisele poolele kihiti tükeldatud grillkana.
d) Tõsta peale viilutatud röstitud punane paprika ja riivitud mozzarella juust.
e) Aseta peale teine pool ciabattast ja vajuta õrnalt.
f) Viiluta ja serveeri.

86.Jalapeño Popperi juustune Ciabatta leib

KOOSTISOSAD:
- 1 ciabatta päts
- 1 tass riivitud mozzarella juustu
- 1/2 tassi hakitud Cheddari juustu
- 1/4 tassi toorjuustu, pehmendatud
- 2-3 jalapeñot, seemnetest ja kuubikutest
- 2 küüslauguküünt, hakitud
- 2 supilusikatäit hakitud värsket koriandrit (valikuline)

JUHISED:
a) Kuumuta ahi temperatuurini 375 ° F (190 ° C).
b) Lõika ciabatta päts pikuti pooleks ja aseta mõlemad pooled ahjuplaadile.
c) Segage väikeses kausis pehme toorjuust, hakitud küüslauk, kuubikuteks lõigatud jalapeños ja hakitud koriander.
d) Määri toorjuustusegu ühtlaselt mõlemale ciabatta pätsi poolele.
e) Puista riivitud mozzarella ja riivitud cheddari juust ühtlaselt leiva peale.
f) Küpseta eelsoojendatud ahjus 10-15 minutit või kuni juust on sulanud ja mullitav ning leib on kuldpruun.
g) Võta ahjust välja, lõika viiludeks ja serveeri soojalt.

87.Suitsulõhe ja toorjuust Ciabatta

KOOSTISOSAD:
- 1 ciabatta
- Suitsulõhe viilud
- Toorjuust
- Viilutatud punane sibul
- Kapparid
- Värsket tilli

JUHISED:
a) Lõika ciabatta pikuti pooleks.
b) Määri ciabatta mõlemale poolele toorjuustuga.
c) Alumisele poolele laota suitsulõhe.
d) Kõige peale lisa viilutatud punane sibul, kapparid ja värske till.
e) Aseta peale teine pool ciabattast ja vajuta õrnalt.
f) Viiluta ja serveeri.

88.BLT täidisega Ciabatta

KOOSTISOSAD:
- 1 ciabatta
- Peekon, keedetud ja murendatud
- Viilutatud tomatid
- Salati lehed
- majonees

JUHISED:
a) Lõika ciabatta pikuti pooleks.
b) Määri ciabatta mõlemale poolele majoneesi.
c) Laota alumisele poolele kihina peekon, viilutatud tomatid ja salat.
d) Aseta peale teine pool ciabattast ja vajuta õrnalt.
e) Viiluta ja serveeri.

89.Ciabatta munasalat

KOOSTISOSAD:
- 1 ciabatta
- Munasalat (valmistatud kõvaks keedetud munade, majoneesi, sinepi ja maitseainetega)
- Salati lehed
- Viilutatud hapukurk

JUHISED:
a) Lõika ciabatta pikuti pooleks.
b) Määri alumisele poolele kiht munasalatit.
c) Kõige peale pane salatilehed ja viilutatud hapukurk.
d) Aseta peale teine pool ciabattast ja vajuta õrnalt.
e) Viiluta ja serveeri.

90.Köögivilja ja hummusega täidetud Ciabatta

KOOSTISOSAD:
- 1 ciabatta
- Hummus
- Tükeldatud kurgid
- Viilutatud paprika
- Viilutatud punane sibul
- Viilutatud mustad oliivid
- Salati lehed

JUHISED:
a) Lõika ciabatta pikuti pooleks.
b) Määri ciabatta mõlemale poolele kiht hummust.
c) Laota alumisele poolele viilutatud kurgid, paprika, punane sibul, mustad oliivid ja salat.
d) Aseta peale teine pool ciabattast ja vajuta õrnalt.
e) Viiluta ja serveeri.

91.Maasikas Ciabatta

KOOSTISOSAD:

- 1 ciabatta
- 1 tass värskeid maasikaid, viilutatud
- 8 untsi toorjuustu, pehmendatud
- 2 spl tuhksuhkrut
- 1 tl vaniljeekstrakti
- 1 sidruni koor
- Värsked piparmündilehed kaunistuseks (valikuline)

JUHISED:

a) Kuumuta ahi temperatuurini 350 °F (175 °C).
b) Lõika ciabatta pikuti pooleks, moodustades kaks poolikut.
c) Aseta ciabatta poolikud ahjuplaadile ja rösti neid eelkuumutatud ahjus umbes 5 minutit või kuni need on kergelt krõbedad. Kui eelistate pehmemat ciabattat, võite selle sammu vahele jätta.
d) Sega kausis pehme toorjuust, tuhksuhkur, vaniljeekstrakt ja sidrunikoor. Sega ühtlaseks ja hästi segunevaks.
e) Kui ciabatta pooled on röstitud, lase neil mõni minut jahtuda.
f) Määri toorjuustusegu ühtlaselt ciabatta lõigatud külgedele.
g) Laota viilutatud maasikad toorjuustukihi peale.
h) Soovi korral kaunista värskete piparmündilehtedega, et saada värvi ja maitset.
i) Pane kaks ciabatta poolt kokku, et moodustada võileib.
j) Lõika ciabatta terava noaga üksikuteks portsjoniteks.
k) Serveeri oma Strawberry Ciabatta ja naudi!

92.Viin Ciabatta

KOOSTISOSAD:
- 1 ciabatta
- 8-10 värsket viigimarja, viilutatud
- 4 untsi kitsejuustu või toorjuustu
- 2-3 supilusikatäit mett
- Värsked rosmariinilehed kaunistuseks (valikuline)

JUHISED:
a) Kuumuta ahi temperatuurini 350 °F (175 °C).
b) Lõika ciabatta pikuti pooleks, moodustades kaks poolikut.
c) Aseta ciabatta poolikud ahjuplaadile ja rösti neid eelkuumutatud ahjus umbes 5 minutit või kuni need on kergelt krõbedad. Kui eelistate pehmemat ciabattat, võite selle sammu vahele jätta.
d) Kuni ciabatta röstib, pese ja viiluta värsked viigimarjad.
e) Kui ciabatta pooled on röstitud, lase neil mõni minut jahtuda.
f) Määri kitsejuust või toorjuust ühtlaselt ciabatta lõigatud külgedele.
g) Laota viilutatud viigimarjad juustukihi peale.
h) Nirista viigimarjadele mett. Mee kogust saab kohandada oma maitse järgi.
i) Soovi korral kaunista värskete rosmariinilehtedega, et see oleks aromaatne.
j) Pane kaks ciabatta poolt kokku, et moodustada võileib.
k) Lõika ciabatta terava noaga üksikuteks portsjoniteks.
l) Serveerige oma viigimarja Ciabattat ja nautige!

93.Õun Ciabatta

KOOSTISOSAD:
- 1 ciabatta
- 2-3 õuna, õhukesteks viiludeks (kasuta oma lemmiksorti)
- 4 untsi Brie juustu või toorjuustu
- 2 supilusikatäit mett
- 1/4 tassi hakitud kreeka pähkleid (valikuline)
- Värsked tüümianilehed kaunistuseks (valikuline)

JUHISED:
a) Kuumuta ahi temperatuurini 350 °F (175 °C).
b) Lõika ciabatta pikuti pooleks, moodustades kaks poolikut.
c) Aseta ciabatta poolikud ahjuplaadile ja rösti neid eelkuumutatud ahjus umbes 5 minutit või kuni need on kergelt krõbedad. Kui eelistate pehmemat ciabattat, võite selle sammu vahele jätta.
d) Kuni ciabatta röstib, peske õunad, eemaldage südamik ja viilutage õhukesteks viiludeks.
e) Kui ciabatta pooled on röstitud, lase neil mõni minut jahtuda.
f) Määri Brie juust või toorjuust ühtlaselt ciabatta lõigatud külgedele.
g) Laota viilutatud õunad juustukihi peale.
h) Nirista õuntele mett. Reguleerige mee kogust soovitud magususastmeni.
i) Soovi korral puista õunte peale hakitud kreeka pähkleid, et need mõnusalt krõmpsuks.
j) Kui teil on värskeid tüümianilehti, kaunista oma Apple Ciabatta maitse lisamiseks mõne tüümianioksaga.
k) Pane kaks ciabatta poolt kokku, et moodustada võileib.
l) Lõika ciabatta terava noaga üksikuteks portsjoniteks.
m) Serveeri oma Apple Ciabatta ja naudi!

94.Virsik ja basiilik Ciabatta

KOOSTISOSAD:
- 1 ciabatta
- 2-3 küpset virsikut õhukesteks viiludeks
- 4 untsi värsket mozzarella juustu, viilutatud
- Värsked basiiliku lehed
- 2 spl ekstra neitsioliiviõli
- 1 spl palsamiäädikat
- Sool ja must pipar maitse järgi

JUHISED:
a) Kuumuta ahi temperatuurini 350 °F (175 °C).
b) Lõika ciabatta pikuti pooleks, moodustades kaks poolikut.
c) Aseta ciabatta poolikud ahjuplaadile ja rösti neid eelkuumutatud ahjus umbes 5 minutit või kuni need on kergelt krõbedad. Kui eelistate pehmemat ciabattat, võite selle sammu vahele jätta.
d) Kuni ciabatta röstib, pese ja viiluta õhukeselt küpsed virsikud.
e) Kui ciabatta pooled on röstitud, lase neil mõni minut jahtuda.
f) Laota värsked mozzarellaviilud ühele ciabatta poolele.
g) Aseta viilutatud virsikud mozzarella peale.
h) Rebi värsked basiilikulehed ja puista virsikutele.
i) Nirista virsiku- ja basiilikukihile ekstra neitsioliiviõli ja palsamiäädikat.
j) Maitsesta näpuotsatäie soola ja värskelt jahvatatud musta pipraga maitse järgi.
k) Pane peale teine pool ciabattast, et tekiks võileib.
l) Lõika ciabatta terava noaga üksikuteks portsjoniteks.
m) Serveerige oma virsiku ja basiiliku Ciabattat ja nautige!

95.Vaarika- ja kitsejuust Ciabatta

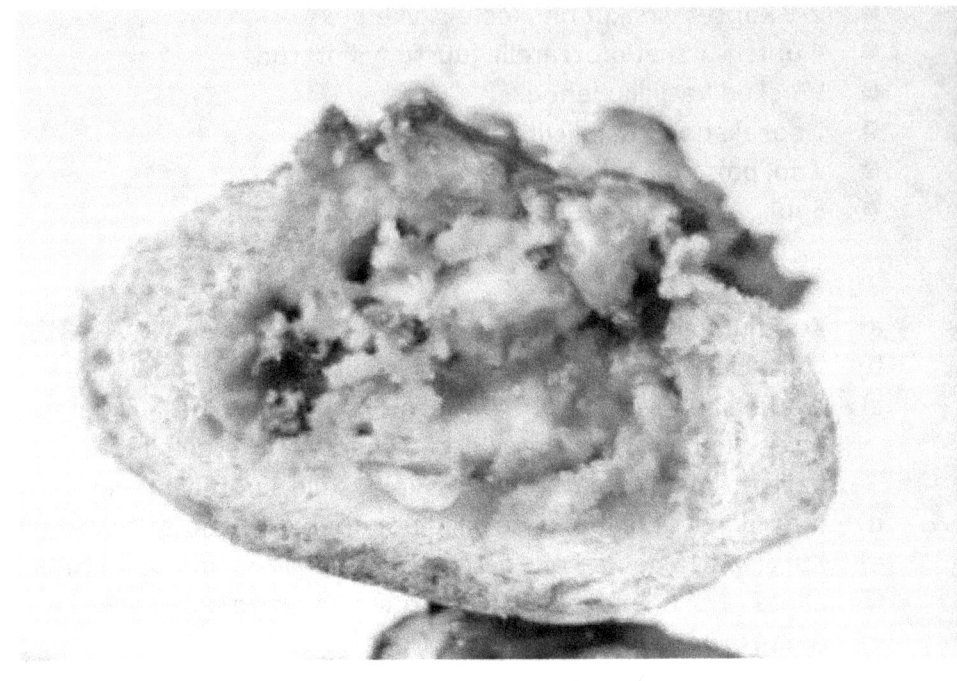

KOOSTISOSAD:
- 1 ciabatta
- 4 untsi kitsejuustu
- 1 tass värskeid vaarikaid
- 2 supilusikatäit mett
- Värsked piparmündilehed (valikuline, kaunistamiseks)

JUHISED:
a) Kuumuta ahi temperatuurini 350 °F (175 °C).
b) Lõika ciabatta pikuti pooleks, moodustades kaks poolikut.
c) Aseta ciabatta poolikud ahjuplaadile ja rösti neid eelkuumutatud ahjus umbes 5 minutit või kuni need on kergelt krõbedad. Kui eelistate pehmemat ciabattat, võite selle sammu vahele jätta.
d) Kuni ciabatta röstib, pese värsked vaarikad.
e) Kui ciabatta pooled on röstitud, lase neil mõni minut jahtuda.
f) Määri kitsejuust ühtlaselt ciabatta lõigatud külgedele.
g) Puista värsked vaarikad kitsejuustukihile.
h) Nirista vaarikate peale mett. Saate reguleerida mee kogust vastavalt soovitud magususastmele.
i) Soovi korral kaunista värskete piparmündilehtedega, et saada värvi ja maitset.
j) Pane kaks ciabatta poolt kokku, et moodustada võileib.
k) Lõika ciabatta terava noaga üksikuteks portsjoniteks.
l) Serveeri oma vaarika- ja kitsejuust Ciabatta ja naudi!

96. Viinamari ja Gorgonzola Ciabatta

KOOSTISOSAD:
- 1 ciabatta
- 4 untsi Gorgonzola juustu
- 1 tass seemneteta punaseid või musti viinamarju, poolitatud
- 2 supilusikatäit mett
- Värsked tüümianilehed (valikuline, kaunistuseks)

JUHISED:
a) Kuumuta ahi temperatuurini 350 °F (175 °C).
b) Lõika ciabatta pikuti pooleks, moodustades kaks poolikut.
c) Aseta ciabatta poolikud ahjuplaadile ja rösti neid eelkuumutatud ahjus umbes 5 minutit või kuni need on kergelt krõbedad. Kui eelistate pehmemat ciabattat, võite selle sammu vahele jätta.
d) Kuni ciabatta röstib, pese ja poolita seemneteta viinamarjad.
e) Kui ciabatta pooled on röstitud, lase neil mõni minut jahtuda.
f) Määri Gorgonzola juust ühtlaselt ciabatta lõigatud külgedele.
g) Laota poolitatud viinamarjad Gorgonzola kihi peale.
h) Nirista mett viinamarjadele ja juustule. Saate reguleerida mee kogust vastavalt soovitud magususastmele.
i) Soovi korral kaunista värskete tüümianilehtedega, et need oleksid lõhnavad.
j) Pane kaks ciabatta poolt kokku, et moodustada võileib.
k) Lõika ciabatta terava noaga üksikuteks portsjoniteks.
l) Serveerige oma viinamarja ja Gorgonzola Ciabattat ning nautige!

97.Pirn ja pähkel Ciabatta

KOOSTISOSAD:
- 1 ciabatta
- 2 küpset pirni õhukesteks viiludeks
- 1/2 tassi hakitud kreeka pähkleid
- 4 untsi sinihallitusjuustu või kitsejuustu
- 2 supilusikatäit mett
- Värsked tüümianilehed (valikuline, kaunistuseks)

JUHISED:
a) Kuumuta ahi temperatuurini 350 °F (175 °C).
b) Lõika ciabatta pikuti pooleks, moodustades kaks poolikut.
c) Aseta ciabatta poolikud ahjuplaadile ja rösti neid eelkuumutatud ahjus umbes 5 minutit või kuni need on kergelt krõbedad. Kui eelistate pehmemat ciabattat, võite selle sammu vahele jätta.
d) Kuni ciabatta röstib, koorige, eemaldage südamik ja viilutage küpsed pirnid.
e) Kui ciabatta pooled on röstitud, lase neil mõni minut jahtuda.
f) Määri sinihallitus- või kitsejuust ühtlaselt ciabatta lõigatud külgedele.
g) Laota viilutatud pirnid juustukihi peale.
h) Puista pirnidele hakitud kreeka pähklid.
i) Nirista mett pirnidele ja kreeka pähklitele. Saate reguleerida mee kogust vastavalt soovitud magususastmele.
j) Soovi korral kaunista värskete tüümianilehtedega maitse lisamiseks.
k) Pane kaks ciabatta poolt kokku, et moodustada võileib.
l) Lõika ciabatta terava noaga üksikuteks portsjoniteks.
m) Serveeri oma pirni ja pähkli Ciabatta ja naudi!

98.Mango Ciabatta

KOOSTISOSAD:
- 1 ciabatta
- 2 küpset mangot, kooritud, kivideta ja õhukesteks viiludeks
- 4 untsi toorjuustu või kitsejuustu
- 2 supilusikatäit mett
- Värsked piparmündilehed (valikuline, kaunistamiseks)
- 160 grammi (5 untsi) hakitud keedetud kana (valikuline)

JUHISED:
a) Kuumuta ahi temperatuurini 350 °F (175 °C).
b) Lõika ciabatta pikuti pooleks, moodustades kaks poolikut.
c) Aseta ciabatta poolikud ahjuplaadile ja rösti neid eelkuumutatud ahjus umbes 5 minutit või kuni need on kergelt krõbedad. Kui eelistate pehmemat ciabattat, võite selle sammu vahele jätta.
d) Kuni ciabatta röstib, koorige, lõigake küpsed mangod õhukesteks viiludeks.
e) Kui ciabatta pooled on röstitud, lase neil mõni minut jahtuda.
f) Määri toorjuust või kitsejuust ühtlaselt ciabatta lõigatud külgedele.
g) Laota juustukihi peale tükeldatud mangod ja kana.
h) Nirista mangoviiludele mett. Saate reguleerida mee kogust vastavalt soovitud magususastmele.
i) Soovi korral kaunista värskete piparmündilehtedega, et saada värvi ja maitset.
j) Pane kaks ciabatta poolt kokku, et moodustada võileib.
k) Lõika ciabatta terava noaga üksikuteks portsjoniteks.
l) Serveeri oma Mango Ciabatta ja naudi!

99.Blackberry ja Ricotta Ciabatta

KOOSTISOSAD:
- 1 ciabatta
- 1 tass värskeid murakaid
- 8 untsi ricotta juustu
- 2 supilusikatäit mett
- Värsked basiilikulehed kaunistuseks (valikuline)

JUHISED:
a) Kuumuta ahi temperatuurini 350 °F (175 °C).
b) Lõika ciabatta pikuti pooleks, moodustades kaks poolikut.
c) Aseta ciabatta poolikud ahjuplaadile ja rösti neid eelkuumutatud ahjus umbes 5 minutit või kuni need on kergelt krõbedad. Kui eelistate pehmemat ciabattat, võite selle sammu vahele jätta.
d) Kuni ciabatta röstib, peske ja kuivatage õrnalt värsked murakad.
e) Kui ciabatta pooled on röstitud, lase neil mõni minut jahtuda.
f) Määri ricotta juust ühtlaselt ciabatta lõigatud külgedele.
g) Laota värsked murakad ricotta kihi peale.
h) Nirista murakatele mett. Saate reguleerida mee kogust vastavalt soovitud magususastmele.
i) Soovi korral kaunista värskete basiilikulehtedega, et saada värvi ja maitset.
j) Pane kaks ciabatta poolt kokku, et moodustada võileib.
k) Lõika ciabatta terava noaga üksikuteks portsjoniteks.
l) Serveeri oma Blackberry ja Ricotta Ciabatta ja naudi!

100.Sink, juust ja ürdi ciabatta

KOOSTISOSAD:
- 1½ supilusikatäit aktiivset kuivpärmi
- 1½ tassi sooja vett
- 1 spl mett
- 4 tassi (umbes) pleegitamata valget jahu
- ½ teelusikatäit soola
- 4 supilusikatäit oliiviõli
- 1½ tassi kuubikuteks lõigatud sinki või sealiha
- ½ tassi värskelt riivitud parmesani juustu
- 2 tl hakitud värsket rosmariini
- 2 tl hakitud värsket tüümiani
- 2 tl hakitud värsket salvei

JUHISED:

a) Asetage pärm suurde segamisnõusse. Segage sooja veega ja mesi ning asetage umbes 10 minutiks sooja kohta kõrvale või kuni pärm on lahustunud ja hakkab mullitama.

b) Sõelu jahu ja sool järk-järgult pärmisegusse, pidevalt segades, kuni tainas hakkab kausi külgedelt eemalduma.

c) Puista tööpinnale veidi jahu ja sõtku tainast õrnalt mitu minutit. Lõika tainas pooleks ja rulli üks pool ristkülikuks (nagu ristkülikukujuline pitsa), mille suurus on umbes 14 x 10 tolli. Pintselda tainas 1½ supilusikatäie oliiviõliga.

d) Laota pool singist pinnale, suru see õrnalt tainasse. Puista peale pool juustust ning puista tainale pool ürte ja rohkelt jahvatatud värsket musta pipart. Rulli tainas kätega õrnalt pikuti pika sigari kujuliseks.

e) Sulgege taigna servad kergelt kinni. Aseta korralikult määritud prantsuse leivapannile ja kata puhta köögirätikuga.

f) Kuumuta ahi 450 kraadini F.

g) Tee teine päts. Asetage kaks leiba kuiva sooja kohta ja laske kaanega 15 minutit seista.

h) Vahetult enne küpsetamist pintselda pätsid kergelt ülejäänud 1 spl oliiviõliga. Asetage kuuma ahju keskmisele riiulile ja küpsetage 20–25 minutit või kuni leival on kuldpruun koorik ja see kõlab põhja koputades õõnsalt.

KOKKUVÕTE

Kui me lõpetame oma teekonna läbi ciabatta leiva maailma, loodan, et tunnete inspiratsiooni käärida käised üles, pühkida põllelt tolm ja asuda oma leivategemise seiklusele. "CIABATTA LOOMISE JUHEND" on loodud kirglikult käsitööna küpsetamise vastu ja pühendumusega aidata teil saavutada oma köögis leivategu meisterlikkus.

Kui jätkate ciabatta leiva valmistamise kunstiga tutvumist, pidage meeles, et selle leiva tõeline ilu ei seisne mitte ainult selle nätslikus tekstuuris ja koorikus, vaid ka rõõmus seda lähedastega jagada. Olenemata sellest, kas murrate pere ja sõpradega leiba, naudite vaikset hetke kohvitassi ääres või naudite dekadentlikku võileiba, võib iga suutäis ciabatta leiba tuua teid lähemale omatehtud headuse lihtsatele naudingutele.

Aitäh, et liitusite minuga sellel kulinaarsel teekonnal. Olgu teie ciabatta looming alati nätske, koorik ja ülimalt maitsev ning olgu teie köök jätkuvalt soojuse, loovuse ja kulinaarsete avastamiste koht. Kohtumiseni, head küpsetamist ja head isu!

www.ingramcontent.com/pod-product-compliance
Lightning Source LLC
Chambersburg PA
CBHW070347120526
44590CB00014B/1055